Edgar Allan Poe

SEÇME HİKAYELER

ithaki

Edgar Allan Poe
Seçme Hikayeler
Yayıma Hazırlayan: Ahmet Öz

İthaki Yayınları - 59
Edebiyat - 57
ISBN 975-8607-96-0

Yayın Koordinatörü: Füsun Taş
Sanat Yönetmeni: İbrahim Çeşmecioğlu
Sayfa Düzeni Ve Baskıya Hazırlık: Cemile Öz
Kapak, İç Baskı ve Cilt: Uygun Basın
(Tel: 0212 886 52 13)
Dağıtım: Hürriyet Gazetecilik ve Matbaacılık A.Ş.
Hürriyet Medya Towers, Güneşli-İstanbul
(Tel: 0212 677 00 00)

İthaki Yayınları:
Mühürdar Cad. İlter Ertüzün Sok. 4/6 34710 Kadıköy İstanbul
Tel: (0216) 330 93 08 – 348 36 97 Faks: (0216) 449 98 34
ithaki@ithaki.com.tr – www.ithaki.com.tr
Dağıtım:
Çatalçeşme Sok. Yavuz Han 26 Cağaloğlu-İstanbul
Tel: (0212) 512 76 00 Faks: (0212) 519 56 56
ithakidagitim@ithaki.com.tr

İçindekiler

Edgar Allan Poe

Edgar Allan Poe, 19 Ocak 1809'da Boston, Massachusetts'de, her ikisi de profesyonel oyuncu olan, üç çocuklu David ve Elizabeth (Arnold) Poe'nun ikinci çocuğu olarak dünyaya geldi. Londra ve Richmond'daki özel okullarda okudu. Öğrenciliği sırasında tanıştığı alkol ve kumar, yaşamını altüst etti. Kendisinden daha ünlü olan eşinin gölgesinde kaldı.

Önceleri başarısız fanzin denemeleriyle başladığı edebiyat yaşamı, 1832'de Saturday Courrier'da basılan beş öyküyle ve 1833'te Baltimore Saturday Visiter tarafından düzenlenen yarışmada "MS. Found in a Bottle" (*Şişede Bulunan Not*) adlı öyküsüyle birinciliği kazanmasıyla devam etti. 1834'te, Godey's Lady's Book'ta yayımlanan "The Visionary" (*Vizyoner*) adlı öyküsüyle adı ülke genelinde duyulmaya başlamıştı.

Düzyazılarından başka, ustaca kurgulanmış ve yazılmış "The Raven" (*Kuzgun*) başta olmak üzere, "Annabel Lee" ve "To Helen" (*Helen'e*) adlı şiirleriyle de tanınan Poe 7 Ekim 1849'da öldü.

Charles Baudelaire'in "Çağımızın en güçlü yazarı..." dediği Poe, yazdığı özgün metinlerle birçok yazarı derinden etkiledi. Gerçekten de, ondan başka hiç kimse yaşamın ve doğanın istisnalarını daha büyülü anlatamadı.

Şişede Bulunan Not

Qui n'a plus qu'un moment à vivre
N'a plus rien à dissimuler – QUINAULT–ATYS.[1]

Vatanım ve ailem hakkında söyleyecek pek bir şeyim yok. Kötü davranışlar ve uzun yıllar, beni birinden uzaklaştırdı, diğerineyse yabancılaştırdı. Bana miras kalan servet iyi bir eğitim almamı sağladı ve düşünmeye yatkın zihnim sayesinde gençliğimde yaptığım sıkı çalışmaların birikimini yöntemsel bir temele oturtmayı başardım. –Bana en çok Alman törecilerinin eserleri haz verdi; onların o zarif deliliğine sakıncalı bir hayranlık duyduğumdan değil, katı düşünce alışkanlıklarım sayesinde onların hatalarını rahatlıkla saptayabildiğim için. Mizacımın kuruluğu yüzünden çok eleştiriye uğradım; hayal gücümün noksanlığı bana bir suçmuş gibi yansıtıldı; ve fikirlerimin pyyrhonist doğası bana sürekli kötü bir ün getirdi. Aslında fiziksel felsefeden aldığım yoğun haz bu çağın çok

1) Bir anlık yaşamı kalmış kişinin artık gizleyecek bir şeyi yoktur.

sık rastlanan bir hatasına düşmeme yol açtı –olayları bu bilimin ilkelerine, en dolaylı yollardan bile olsa, bağlama alışkanlığından bahsediyorum. Bütüne bakıldığında, kimse batıl inançların *ignes fatuisi*[2] tarafından gerçeğin sınırları keskin bölgesinden uzaklaştırılmaya benim kadar az yatkın olamaz. Bunları baştan söylemeyi uygun buldum ki, anlatmam gereken inanılmaz öykü hayal gücünün ölü bir mektup ve bir hiçlikten ibaret olduğu bir zihnin kesin deyişi yerine çok kaba bir hayal gücünün hezeyanları olarak algılanmasın.

Yurtdışında yıllarca yolculuk ettikten sonra 18– yılında zengin ve yoğun nüfuslu Cava Adası'ndaki Batavia limanından Sunda Takımadaları'na[3] doğru yola çıktım. Tam anlamıyla bir yolcuydum –bir şeytan gibi peşimi bırakmayan sinirli bir huzursuzluktan başka bir yolculuk sebebim yoktu.

Gemimiz dört yüz tonluk, tahtaları bakırla tutturulmuş ve Bombay'da, Hint meşesiyle inşa edilmiş güzel bir gemiydi. Lachadive Adaları'ndan[4] yüklenen hidrofil pamuk ve yağı taşıyordu. Gemide bunların yanı sıra Hindistancevizi lifi, hurma suyundan yapılma şeker, kaymaksız sığır sütü, Hindistancevizi ve birkaç sandık da haşhaş vardı. Yükleme işi beceriksizce yapılmıştı ve gemiden sürekli tangırtılar geliyordu.

Çok hafif bir rüzgârla yola çıktık ve Cava'nın doğu kıyısında günlerce bekledik. Rotamızın monotonluğunu hafifleten

---

2) İstenileni verecekmiş gibi yapıp vermeyen, yanıltıcı, cezbedici şey.
3) Borneo, Celebes, Java, Sumata, Molucca adaları ve Nusa Tenggara'nın eski adı.
4) Şimdiki adıyla, "Laccadive" Adaları Hint Okyanusu'nda, Hindistan'ın güneybatı sahili açıklarında bulunur.

tek olay gittiğimiz takımadalardan küçük parçalar görmekti.

Bir akşam, kıç vardavelasına yaslanmış bakarken, kuzeybatıdaki çok tuhaf, tek bir bulutu fark ettim. Hem rengi yüzünden, hem de Batavia'dan ayrıldığımızdan beri görülen ilk bulut olduğu için ilgi çekiciydi. Onu dikkatle günbatımına dek izledim. Bu vakitte bir anda doğu ve batıya yayıldı, ufku ince bir buhar tabakası halinde kapladı ve alçak bir kumsalın uzun şeridi gibi görünmeye başladı. Az sonra bulanık kırmızı bir renkle doğan ay ve denizin tuhaf görünüşü de dikkatimi çekti. Deniz hızla değişiyordu ve su her zamankinden saydamdı. Denizin dibini açık seçik görebilmeme karşın, iskandili çektiğimde derinliğin on beş kulaç olduğunu gördüm. Hava şimdi dayanılmayacak kadar ısınmıştı ve ısıtılan demirden çıkanlara benzeyen sarmal dumanlarla yüklüydü. Gece çöktükçe rüzgâr dindi ve ortalığı hayal edilemeyecek kadar yoğun bir dinginlik kapladı. Pupada yanan mumun alevi hiç titremiyordu ve başla işaret parmaklar arasında tutulan bir saç teli en küçük bir hareket belirtisi sergilemiyordu. Kaptan, herhangi bir tehlike belirtisi görmediğinden ve kıyıya doğru sürüklenmekte olduğumuz için, yelkenlerin indirilmesini ve çapanın atılmasını emretti. Nöbetçi konulmadı ve esas olarak Malayalılardan oluşan tayfa güverteye uzandı. Aşağı inerken içimde kötü bir his vardı. Aslında bütün belirtiler beni bir samyelinin[5] gelişinden endişelenmeye yöneltiyordu. Kaptana korkularımdan bahsettim; ama söylediklerimi dikkate almadı

5) Poe burada büyük bir fırtınayı kastetmektedir.

ve yanıt vermeye tenezzül etmeden yanımdan ayrıldı. Ancak huzursuzluğum uyumama engel oldu ve gece yarısı civarında güverteye çıktım. –Ayağımı merdivenin en üst basamağına koyarken hızla dönen bir değirmen çarkınınkini andıran yüksek bir uğultuyla irkildim ve bunun ne anlama geldiğini kavrayamadan geminin her tarafının sarsılmaya başladığını fark ettim. Bir an sonra dev, köpüklü bir dalga bizi alabora etti, baştan kıça doğru hızla ilerleyerek bütün güverteleri pruvadan pupaya yıkadı.

O patlamanın aşırı şiddeti geminin kurtulmasını sağladı. İyice suyla dolmuş olmasına karşın, direkleri yıkılıp yan tarafına düşmüş olduğundan, bir dakika sonra denizden ağır ağır kalktı ve fırtınanın yoğun baskısı altında bir süre yalpaladıktan sonra nihayet doğruldu.

Beni ölmekten hangi mucizenin kurtardığını bilmek olanaksız. Suyun şokuyla sersemledikten sonra, kendime geldiğimde kıç direğiyle dümenin arasına sıkışmış olduğumu fark ettim. Büyük bir çaba harcayarak ayağa kalktım ve gözüm kararmış bir halde etrafa bakınınca önce büyük dalgaların arasında olduğumuzu düşündüm. Bizi yutmuş olan dağ gibi ve köpüklü okyanusun girdabı hayal edilemeyecek kadar müthişti. Bir süre sonra, tam limandan ayrılırken gemiye binmiş olan yaşlı bir İsveçli'nin sesini işittim. Ona tüm gücümle seslendim ve en sonunda sendeleyerek kıç tarafına geldi. Az sonra bizden başka kurtulan olmadığını fark ettik. Güvertede bulunan bizim dışımızdaki herkes denize düşmüştü. Kaptan ve yardımcıları uykularında ölmüş olmalıydı, çünkü kamaralar suyla dolmuştu. Yardım almadan geminin güvenliğine ilişkin pek az şey yapabilirdik ve çabalarımız ilk başlarda anlık batma korkularının yol açtığı donup kalmalarla kesintiye uğradı. Palamarımız kasırganın ilk soluğuyla paket ipi gibi kopmuştu tabii, yoksa hemen ters dönerdik. Denizin önünde korkutucu bir hızla gidiyorduk ve gemideki birçok yarıktan içeri sular akıyordu. Geminin kıçının iskeleti epey çatlamıştı ve her açıdan büyük darbeler almıştık; ama pompaların tıkanmamış ve safraların fazla yer değiştirmemiş olduğunu görünce büyük bir sevince kapıldık. Fırtınanın ilk şiddeti azalmıştı ve rüzgârdan fazla bir tehlike beklemiyorduk; ama yılgınlık içinde tamamen durmasını ümit ediyorduk. Denizin birazdan devasa bir şekilde kabaracağından, geminin şu haliyle buna dayanamayacağından, kaçınılmaz olarak öleceğimizden emindik. Ama bu oldukça yerinde kaygı kısa zamanda gerçeğe dönüşmeyecekmiş gibi görünüyordu. Hantal gemi beş gün beş gece boyunca –bu süre içinde tek yiyeceğimiz baş kasarasından büyük güçlüklerle temin ettiğimiz az bir miktardaki hurma şekeriydi–, o samyelinin ilk şiddetiyle boy ölçüşemese de o zamana dek gördüğüm fırtınaların en şiddetlisini teşkil eden hızlı, peş peşe esen rüzgârların önünde hesaplamalara meydan okuyan bir hızla uçtu. İlk dört gün boyunca rotamız, küçük değişikliklerle, G.D. ve G. yönündeydi; Yeni Hollanda'nın[6] kıyı şeridi boyunca ilerlemiş olmalıyız. – Beşinci gün

6) Avustralya'nın eski adı.

hava iyice soğudu, rüzgârın daha kuzeyden esmeye başlamış olmasına karşın. – Güneş hastalıklı, sarı bir parıltıyla doğuyor ve ağır ağır ufkun birkaç derece üstüne çıkıyordu – net bir ışık yaymadan. – Görünürde bulut yoktu, ama şiddetini giderek artıran rüzgâr kesik kesik ve düzensiz aralıklarla esiyordu. Tahminimize göre öğle vakti yine güneş dikkatimizi çekti. Adına yaraşır bir ışık saçmıyordu. Donuk ve kurşuni parıltısının yansıması yoktu, sanki tüm ışınları kutuplanmışçasına. Kabarmış denizde batmadan önce ortasındaki ateş birden söndü, sanki açıklanamayacak bir güç tarafından aceleyle söndürülmüşçesine. Dipsiz okyanusa gömülürken sönük, gümüşi bir halkadan ibaretti.

Altıncı günün gelmesini boşuna bekledik – o gün benim için hâlâ gelmiş değil – İsveçli için de hiç gelmedi. O vakitten sonra zifiri karanlığa gömüldük, öyle ki geminin yirmi adım ötesini göremiyorduk. Sonsuz gece bizi kuşatmayı sürdürdü, denizin tropikal kuşakta alışkın olduğumuz fosforlu parıltısının da faydası dokunmuyordu. Fırtınanın şiddetinin azalmamış olmasına karşın, daha önceki köpüklerden eser kalmadığını da fark ettik. Etrafımız dehşetle, yoğun bir loşlukla ve kara, terletici, mat bir çölle çevriliydi. –Yaşlı İsveçli'nin ruhuna yavaşça batıl bir korku sızdı, benim ruhumaysa sessiz bir hayret duygusu hâkimdi. Gemiyle ilgilenmeyi, bunun faydasız olmasının ötesinde zararlı olduğunu düşünerek, bıraktık ve kendimizi olabildiğince sıkı şekilde mizana direğine bağlayıp, o okyanus dünyasına acı acı bakmaya başladık. Zamanın geçişini hesaplamamızın yolu yoktu, bulunduğumuz yer hakkında tahmin de yürütemiyorduk. Ama hiçbir denizcinin gitmediği kadar güneyde bulunduğumuzun da farkındaydık ve karşımıza genelde rastlanılan buzdan engeller çıkmadığı için hayretler içindeydik. Bu arada, her an son anımız olma tehdidini savuruyordu –her devasa dalga bizi yutmak için acele ediyordu. Denizin böylesine kabarabileceğini hayal bile etmemiştim ve sular altında kalmamamız bir mucizeydi. Arkadaşım yükümüzün hafifliğinden bahsetti ve bana gemimizin mükemmel niteliklerini anımsattı. Ama umudun bile ne kadar umutsuzca olduğunu hissetmemek elde değildi ve, simsiyah azametli geminin kat ettiği her kilometreyle birlikte denizin kabarışı büsbütün korkutucu oldukça, kendimi, gelişini hiçbir şeyin bir saatten fazla geciktiremeyeceğine inandığım ölüme karamsarlık içinde hazırlamaya başladım. Bazen albatrosların çıkamayacağı yüksekliklerde havasız kalıyorduk –bazense havanın durgunlaştığı ve deniz canavarlarının uykularını hiçbir sesin bozmadığı sulu bir cehennemin içine iniş hızımız başımızı döndürüyordu.

Bu uçurumlardan birinin dibindeyken arkadaşımın attığı kısa, korkulu bir çığlık gecenin içinde yankılandı. "Bak! Bak!" diye haykırdı kulaklarımın dibinde, "Ulu Tanrım! Bak! Bak!" O konuşurken, içinde bulunduğumuz engin kanyonun kenarlarından akan ve güvertemizi kesintili olarak aydınlatan donuk, kurşuni-kırmızı bir ışığın farkına vardım. Gözlerimi yukarı kaldırınca gördüğüm sahne kanımı dondurdu. Tam tepemizde, korkunç bir yükseklikte ve dik uçurumun tam kenarında, belki dört bin tonluk dev bir gemi duruyordu.[7] Yüksekliğinin belki yüz katı bir dalganın zirvesinde durmasına karşın, görünüşteki boyutu yine de var olan herhangi Doğu Hint gemisininkini aşıyordu. Dev gövdesinin rengi koyu, kirli bir siyahtı. Üstünde gemilerde genelde rastlanan oymalardan yoktu. Açık lombarlarından tek bir pirinç top dizisi çıkıyordu ve bunların cilalı yüzeylerinden sarkan sayısız savaş fenerinin alevi armasının etrafında bir ileriye bir geriye sallanıyordu. Ama özellikle dehşete ve hayrete kapılmamıza sebep olan şey, geminin o doğaüstü denizin ve o kontrolsüz kasırganın ortasında yelken açmış olmasıydı. Onu ilk fark ettiğimizde yalnızca loş, derin ve korkunç kanyonun kenarında inip kalkan pruvası görünüyordu. Yoğun bir dehşet anından sonra baş döndürücü zirvenin tepesinde durakladı, sanki kendi yüceliği üstüne düşüncelere dalmışçasına, sonra da sallanıp yalpalamaya başladı ve –düştü.

O anda ruhumu nasıl bir soğukkanlılığın birdenbire ele geçirdiğini bilmiyorum. Olabildiğince uzağa sendeleyerek gittikten sonra, yaklaşan felaketi korkusuzca bekledim. Sonunda çabalamaktan vazgeçmiş olan gemimizin burnu batıyordu. Üstüne düşen kitlenin şoku, bunun sonucunda geminin sualtında olan kısmına indi ve ben kaçınılmaz olarak, karşı konulmaz bir güçle yukarı, o yabancı geminin armasına fırladım.

---

7) Uçan Hollandalı efsanesindeki hayalet gemi, tam bir gemi batarken belirir.

Ben düşerken gemi yan yatıp doğruldu; ve tayfalar tarafından fark edilmemememi de bunun yarattığı kargaşaya bağlıyorum. Fazla zorlanmadan, yarı açık olan ana ambar ağzına vardım ve kısa sürede geminin içinde saklanma fırsatını buldum. Niye bunu yaptığımı ben de bilmiyorum. Belki de gizlenmemin temel sebebi gemideki denizcileri görünce hissettiğim tarifsiz, korkuyla karışık bir şaşkınlık duygusuydu. Kendimi üstünkörü bir bakışın sonucunda belirsizce yenilikleri, şüpheleri ve endişeleri böylesine çok açıdan uyandıran bir insan ırkına teslim etmek istemiyordum. Bu yüzden geminin içinde gizlenecek bir yer aramayı uygun buldum. Bunu yük sandıklarının bir kısmının yerini geminin dev kalasları arasında kendime uygun bir saklanma yeri açacak kadar değiştirerek yaptım.

İşimi yeni bitirmiştim ki, ambardaki ayak sesleri saklanmamı gerektirdi. Bir adam saklanma yerimin yanından zayıf, kararsız adımlarla geçti. Yüzünü göremiyordum, ama genel görünüşünü inceleme fırsatı buldum. Oldukça yaşlı ve hasta olduğu belliydi. Yılların ağırlığı dizlerini büküyor ve tüm bedenini titretiyordu. Kendi kendine, anlamadığım bir dilde, alçak bir sesle, kesik kesik mırıldanıyordu. Tuhaf aletlerden ve çürümüş deniz haritalarından oluşan bir yığının üstüne oturdu. Tavırları ikinci çocukluğun huysuzluğunun ve bir Tanrı'nın ağırbaşlı vakarının tuhaf bir karışımıydı. Sonunda güverteye çıktı ve onu bir daha görmedim.

Tarifsiz bir duygu ruhumu ele geçirdi –analize geçit vermeyen, geçmişin derslerinin karşısında yetersiz kaldığı ve geleceğin de bana anahtarını sunmayacağından korktuğum bir his. Benimki gibi bir zihin için bu sonuncusu kötü bir düşünce. Düşüncelerimin doğasına ilişkin olarak asla –biliyorum asla– tatmin olmayacağım. Yine de bu düşüncelerin belirsiz olması şaşırtıcı değil, çünkü yepyeni kaynaklardan doğuyorlar. Ruhuma yeni bir duyum –yeni bir varlık ekleniyor.

Bu korkunç geminin güvertesinde yürümeyeli epey zaman oldu ve sanırım kaderimin ışınları bir yerde odaklanmaya başlıyor. Anlaşılmaz insanlar! Sezemediğim konulara ilişkin derin düşüncelere dalmış olarak yanımdan, beni fark etmeden geçiyorlar. Saklanmam tam bir budalalıktı, çünkü bu insanlar görmüyor. Daha şimdi ikinci kaptanın gözlerinin önünden geçtim –kısa süre önce de kaptanın özel kamarasına girmeye cesaret ettim ve bunları oradan aldıklarımla yazıyorum. Daha öncekileri de bu sayede yazmıştım. Arada sırada bu günceye devam edeceğim. Evet, bunu dünyaya ulaştırmanın bir yolunu bulamayabilirim, ama en azından bu çabayı göstereceğim. En sonunda bu yazdıklarımı bir şişeye koyup denize atacağım.

Bana üzerinde düşünecek yeni bir konu veren bir olay oldu. Böyle şeyler kontrolsüz talihin işi mi? Güverteye çıkmış ve hiç dikkat çekmeden filikanın dibindeki bir ıskalarya ve eski yelken yığınının üstüne atlamıştım. Yazgımın tuhaflığı üstüne düşüncelere dalmışken bir katran fırçasını farkında olmadan, yanımdaki bir fıçının üstünde özenle katlanmış halde duran bir cunda yelkeninin kenarlarına sürttüm. Cunda yelkeni şimdi geminin üstüne eğilmiş durumdaydı ve fırçanın rasgele dokunuşları KEŞİF sözcüğünü ortaya çıkardı.

Son zamanlarda geminin yapısı üstüne epey gözlemde bulundum. İyi silahlanmış olsa da bir savaş gemisi olduğunu sanmıyorum. Arması, yapısı ve genel donanımı bir savaş gemisi *olmadığını* gösterir nitelikte. Ne olmadığını kolayca anlayabiliyorum – ne olduğunu söylemekse korkarım olanaksız. Nasıl *olduğunu* bilmiyorum ama, o tuhaf modelini ve benzersiz direklerini, devasa boyutunu ve aşırı geniş yelkenlerini, son derece sade pruvasını ve köhne kıçını incelerken bazen zihnimde tanıdık şeylerin parıltısı beliriyor ve bu belirsiz anı gölgelerine hep eski tarihlerin ve asırlar öncesinin dile getirilemez anıları eşlik ediyor.

Geminin gövdesine bakıyorum. Bilmediğim bir malzemeden yapılmış. Tahtanın tuhaf bir niteliği bana bu tür işlerde kullanılmaya uygun olmadığını düşündürüyor. Aşırı derecede *gözenekli oluşundan* bahsediyorum, ki bunun bu denizlerde yelken açmanın doğal bir sonucu olarak kurtlar tarafından yenmekle ya da eskimekten gelen çürümüşlükle ilgisi yok. Belki aşırı meraklı birinin gözlemi gibi gelebilir, ama bu tahta, İspanyol meşesinin her özelliğini taşırdı, şayet İspanyol meşesi doğa dışı bir yöntemle şişirilebilmiş olsaydı.

Yukarıdaki cümleyi okurken, her türlü kötü hava şartına

maruz kalmış yaşlı bir Hollandalı denizcinin tuhaf bir vecizesini anımsıyorum. "Bu," derdi, söylediklerinin doğruluğundan şüphe edildiğinde, "geminin gövdesini bir denizcinin canlı gövdesi gibi büyüten bir denizin varlığı kadar gerçek."

Bir saat kadar önce cesaretimi toplayıp kendimi tayfadan bir grup adamın önüne attım. Bana hiç ilgi göstermediler ve, tam ortalarında durmama karşın, varlığımın farkında değilmiş gibi göründüler. Ambardaki ilk gördüğüm adam gibi bunlar da yaşlılığın izlerini taşıyordu. Saçları kırdı, güçsüzlükten dizleri titriyordu; dermansızlıktan omuzları çökmüştü; büzüşmüş derileri rüzgârda ürperiyordu; sesleri alçak, titrek ve kesik kesikti; gözleri yılların salgılarıyla parıldıyordu; ve kır saçları fırtınada korkunç bir şekilde dalgalanıyordu. Çevrelerinde, güvertenin her yanına, son derece tuhaf ve artık kullanılmayan matematiksel aletler saçılıydı.

Bir süre önce cunda yelkeninin eğik olduğundan bahsetmiştim. O zamandan beri rüzgârın içinde savrulan gemi, güneye doğru korkunç bir hızla ilerlemeyi sürdürdü. İçindeki her branda parçası direk şapkasından alt cunda yelkeni serenlerine dek katlanmış durumda ve direklerinin tepelerini durmadan bir insanın hayal edebileceği en dehşet verici su cehennemine sokuyor. Güvertede ayakta durmanın olanaksız olduğunu fark edince oradan az önce ayrıldım. Gerçi tayfalar pek sıkıntı çekiyormuş gibi görünmüyor. Devasa gemimizin bir anda ve sonsuza dek deniz tarafından yutulmaması mucizelerin mucizesi gibi görünüyor bana. Sonsuzluğun kenarında, uçuruma doğru son adımı atmadan sürekli hareket etmeye mahkûm edildiğimiz açıkça anlaşılıyor. Gördüklerimden bin kat büyük olan dalgaların önünde ok gibi uçan bir martının rahatlığıyla süzülüyoruz; ve devasa dalgalar tepemizde derinlerden gelen, ama sadece basit tehditler savurabilen ve yok etmeleri yasaklanan iblisler gibi yükseliyor. Bu sık tekrarlanan kurtuluşları böyle bir etkiyi yaratabilecek tek bir doğal sebebe bağlıyorum. –Geminin güçlü bir dalganın ya da şiddetli bir ters dip akıntısının etkisinde olduğunu farzetmek zorundayım.

Kaptan'ın karşısına çıktım, hem de kendi kamarasında –ama, beklediğim gibi, bana hiç ilgi göstermedi. Görünüşünde dikkatsiz bir gözlemciye onun bir insandan fazlası ya da eksiği olduğunu gösterecek bir şey olmasa da – yine de ona karşı bir hayranlık duygusuyla karışık bastırılmaz bir huşu ve şaşkınlık duyuyorum. Boyu neredeyse benimki kadar; yani 170 cm. Biçimli bir gövdesi var, ama ne gürbüz, ne de çelimsiz. Fakat yüzüne hâkim olan şey, ifadesindeki tuhaflık –yaşlılığın yoğun, muhteşem, heyecan verici kanıtı bu. Öyle mutlak, öyle uç noktada ki, içimde bir şeyleri kımıldatıyor –tarifsiz bir duygu. Alnı, pek kırışık olmasa da, sanki uzun yılların damgasını taşıyor. –Kır saçları geçmişin tutanakları ve daha da gri olan gözleri geleceğin kehanetleri. Kamaranın döşemesi tuhaf, kalın, demir kopçalı folyolarla, paslanıp çürüyen bilim aletleriyle ve artık kullanılmayan, unutulmuş haritalarla kaplıydı. Başını eğip ellerinin arasına almış, ateşli huzursuz gözlerle, anladığım kadarıyla bir görev mektubu olan ve her halükârda bir hükümdarın damgasını taşıyan bir mektubu okuyordu. Ambarda gördüğüm o ilk denizci gibi, yabancı bir dilin alçak sesle söylenen hırçın heceleriyle kendi kendine bir şeyler mırıldanıyordu ve yanı başımda olmasına karşın sesi sanki bana bir kilometre öteden geliyordu.

Gemi ve içindeki her şeyi yaşlılığın ruhu bürümüş. Tayfa geçmişe gömülü yüzyılların hayaletleri gibi öne arkaya süzülüyor. Gözlerinde hevesli ve rahatsız bir ifade var; ve parmakları savaş fenerlerinin vahşi ışığında bana dokununca içimi benzersiz bir his kaplıyor, her ne kadar yaşamım boyunca antikacılık yapmış ve Balbec, Tadmore ve Persepolis'teki[8] yıkılmış sütunların gölgelerini, ruhum bir harabeye dönüşene dek içmiş olsam da.

Etrafıma bakınca ilk korkularımdan utanıyorum. Daha önceki fırtına beni tepeden tırnağa titrettiyse, rüzgârla okyanusun savaşı karşısında, ki kasırga ve samyeli gibi kelimeler hakkında bir fikir vermekte yetersiz kalır, dehşetle donakalmaz mıyım? Geminin civarı sonsuz gecenin karanlığıyla ve bir köpüksüz sular keşmekeşiyle çevrili; ama her iki tarafımızda yaklaşık birer fersahlık mesafede ara sıra hayal meyal, boş göğe evrenin surları gibi yükselen devasa buz duvarlar görüyorum.

Düşündüğüm gibi, geminin bir akıntıya kapıldığı ortaya çıktı; beyaz buzların arasında uluyarak ve çığlık atarak güneye doğru bir şelalenin olanca hızıyla gürleyerek ilerleyen bir

8) Yakın Doğu'daki yıkılmış şehirler.

dalgaya bu isim verilebilirse tabii.

Duyduğum dehşeti tasavvur etmek olanaksız olsa gerek. Yine de bu korkunç bölgenin gizemlerini çözme merakı umutsuzluğuma dahi baskın çıkıyor ve beni ölümün en iğrenç şekline bile razı ediyor. Heyecan verici bir bilgiye doğru hızla ilerlediğimiz açık – asla paylaşılamayacak, ulaşılması yok olmak demek olan bir gizeme. Belki de bu akıntı bizi güney kutbuna götürmektedir. Böylesine çılgınca görünen bir varsayımın son derece muhtemel olduğunu itiraf etmeliyim.

Tayfa güverteyi huzursuz ve titrek adımlarla arşınlıyor; ama yüzlerinde umutsuzluğun verdiği kayıtsızlıktan çok, umudun canlılığı var.

Bu arada rüzgâr hâlâ kıç tarafımızdan esiyor ve brandalarla yüklü olan gemi bazen denizin üstüne fırlıyor. – Ah, dehşetlerin en fecisi! Buzlar birden sağa ve sola doğru açılıyor ve baş döndürücü bir hızla dev, eşmerkezli çemberler çizerek duvarları karanlıkta ve uzaklıklardan kaybolan dev bir amfiteatrın çevresinde dönüyoruz. Ama kaderim üstüne düşünecek pek zamanım yok – çemberler hızla küçülüyor – girdabın içine delice atılıyoruz – ve gemi okyanusla fırtınanın kükremeleri, böğürtüleri ve gürlemeleri arasında titriyor, ah Tanrım! Ve – aşağı iniyor.

NOT: "Şişede Bulunan Not" ilk olarak 1831'de [1833] basıldı ve Mercator'un haritalarını ancak yıllar sonra inceleyebildim. Bu haritalarda okyanus (kuzey) Kutup Girdabı'na doğru dört aylık bir sürede akan ve oradan yeryüzünün derinliklerine inen hızlı bir akıntı olarak betimleniyor. Kutbun kendisiyse muazzam bir yükseklige sahip siyah bir kaya olarak gösterilmiş.

1833

Morgue Sokağı Cinayetleri

Sirenlerin hangi şarkıyı söylediği ya da Achilles'in kadınların arasında hangi isimle saklandığı şaşırtıcı olsa da tahminlerin *ötesinde* olmayan sorulardır.
SİR THOMAS BROWN, *Ölü Vazosuyla Gömülüş.*

Analitik olarak tanımlanan zihinsel yetilerin kendileri analize pek açık değildir; bunları sadece etkileriyle değerlendirebiliriz. Bu yetiler hakkında bilmediğimiz şeylerden biri de kendilerine sahip olan kişi için, eğer güçlüyseler, son derece büyük bir haz kaynağı olduklarıdır. Nasıl güçlü kuvvetli bir adam fiziksel yetilerinden zevk duyar, kaslarını çalıştıran hareketlere bayılırsa, analist de *çözümleyici* zihinsel faaliyetleri sever. Yeteneklerini devreye sokabileceği en küçük uğraşlardan bile zevk alır. Gizemlerden, muammalardan, gizli anlamlardan hoşlanır ve bunların her birine getirdiği çözümlere, sıradan zihinlere doğaüstü gibi gelen bir feraset eşlik eder. Yöntem ruhu ve özüyle aldığı sonuçlar aslında sezi ürünü gibi görünür. Çözümleme yetisi muhtemelen matematiksel çalışmalar, özellikle de haksızca ve sadece geriye dönük işleme tarzı yüzünden analiz olarak adlandırılan, matematiğin en yüksek dalı tarafından epey güçlendirilir. Ama hesaplamak analiz etmek demek değildir. Mesela bir satranç oyuncusu bir hesap yaparken diğerini yapmaz. Demek ki satranç oyununun zihin üzerindeki etkisi oldukça yanlış anlaşılmıştır. Şimdi bir bilimsel inceleme yazıyor değilim. Sadece oldukça tuhaf bir anlatıya rasgele düşüncelerle giriş yapıyorum. Bu yüzden bunu fırsat bilip, düşünen aklın yüce güçlerinin gösterişsiz dama oyununda satrancın tüm gereksiz detaylılığından daha fazla ve işe yarar şekilde çalıştırıldığını söyleyeceğim. Satrançta taşların farklı ve *tuhaf* hareketleri, çeşitli ve farklı düzeylerde değerleri vardır ve bu oyunun karmaşıklığı derinlikle karıştırılır (sık yapılan bir hata). Burada büyük ölçüde yoğunlaştırılır. Dikkatin bir an bile dağılması zarar görmekle ya da yenilgiyle sonuçlanır. Olası hamleler sadece çok sayıda değil, aynı zamanda karmaşık olduğundan bu türden hatalar yapma olasılığı katlanır. On oyundan dokuzunda kazanan deha değil dikkattir. Damada ise tam tersine hamleler *eşsizdir* ve varyasyonlar azdır, bu yüzden dikkatsizlik etme olasılığı azalır. Dikkatin önemi azaldığından kazananı belirleyen faktör *zekâ* olur. Daha açık konuşursak –diyelim ki bir dama oyununda sadece dört taş kalmış ve bunların hepsi de dama olmuş. Bu durumda tarafların dikkatsizlik etmesi beklenemez elbette. Burada (oyuncular eşit durumda olduğundan) oyunu sadece son derece zekice, zor bulunur bir hamlenin kazandıracağı açıktır. Analist her zamanki kaynaklarından mahrum kalınca kendisini hasmıyla özdeşleştirir, onun ruh haline bürünür ve böylece çoğunlukla onu nasıl baştan çıkaracağını ya da telaşa düşüreceğini, bu şekilde de hata yapmasını sağlayacağını ilk bakışta görüverir (bazen gördüğü hamleler saçmalık derecesinde basittir).

Vist oyununun hesaplama gücü adı verilen şeye etkisinin büyük olduğu uzun süredir bilinmektedir. Son derece zeki insanlar bu oyundan anlaşılmaz bir haz alırken satrancı önemsiz bulur. Analiz yetisinin kullanılmasını Vist oyunundan fazla gerektiren hiçbir şey yoktur şüphesiz. Dünyanın en iyi satranç oyuncusu sadece bir satranç oyuncusu olmaktan öteye gidemeyebilir ama Vist oyununda başarılı olan kişi zihinsel çarpışmalar için gerekli, çok daha önemli yetilere sahip demektir. Başarılı olmak derken kurallar çevresinde avantaj sağlamak için kullanılabilecek *tüm* kaynakları görebilmeyi, oyunda bu şekilde kusursuzlaşmayı kastediyorum. Bu kaynaklar türlü türlüdür ve sayıları epey fazladır. Genellikle sıradan zihinler tarafından fark edilemezler. Dikkatli izlemek, iyi anımsamak demektir. Şu ana kadar söylediklerimizden, dikkatini yoğunlaştırabilen bir satranç oyuncusunun Vistte çok başarılı olacağı sonucuna varabiliriz: Hoyle'un kurallarını (ki bunlar da sadece oyunun mekaniğine ilişkindir) yeterince anladığı sürece. Yani kuvvetli bir hafızaya sahip olmak ve "kurallara göre oynamak", genel kanıya göre iyi bir oyuncu olmak için yeterlidir. Ama analistin becerisi kuralların ötesindeki meselelerde sergilenir. Usulca pek çok gözlemde ve çıkarımda bulunur. Belki diğer oyuncular da aynı şeyi yapar. Kimin daha fazla bilgi edindiğini belirleyen çıkarımların doğruluğundan çok gözlemin niteliğidir. Önemli olan *neyi* gözleyeceğini bilmektir. Oyuncumuz kendisini kesinlikle sınırlandıramaz. Tüm dikkatini oyuna verip dışsal çıkarımları da gözardı etmez. Partnerinin yüzünü inceler ve hasımlarının yüzleriyle teker teker, dikkatle karşılaştırır. Her oyuncunun kartları nasıl tasnif ettiğini gözler. Oyuncuların bakışlarından onları nasıl dizdiklerini anlamaya çalışır. Genellikle yüksek kozlar yan yana konur. Oyun ilerledikçe yüzlerdeki değişiklikleri inceler. Kendinden emin, şaşkın, muzaffer ya da sıkıntılı ifadelerin değişimlerine göre çıkarımlarda bulunur. Oyuncunun bir el alma tarzından bir başka el alıp alamayacağı hakkında karara varır. Hileleri kartların masaya konuluş tarzından anlar. Gayri ihtiyari edilen bir laf; bir kartın yanlışlıkla düşürülmesi ya da çevrilmesi; onu gizlemek için telaşa kapılıp kapılınmaması; alınan kartların sayılması ve düzenlenmesi; utanç, duraksama, heves ya da korku –bütün bunlar ona oyunun gidişatı hakkında bilgi verir. İlk iki üç el oynandıktan sonra artık kimin elinde ne olduğunu bilir. Bu yüzden oyununu sanki diğerleri ellerini açıp ona göstermişçesine rahatça ve kararlılıkla oynar.

Analitik güç hünerlilikle karıştırılmamalıdır. Çünkü analistler hünerli olmak zorunda olsa da, hünerliler genellikle analiz yapamaz. Hünerli kimselerin çoğunda bulunan yapıcı ya da birleştirici güç (ki frenolojistler bunu ilkel bir yeti farz ederek ayrı bir organa atfeder [bence yanılıyorlar]), zekâları başka açılardan budalalığın sınırında bulunan kişilerde öyle sık görülmüştür ki, bu durum tin üzerine yazan yazarların genel olarak ilgisini çekmiştir. Hünerlilikle analitik yeti arasındaki fark hayal gücüyle imgelem arasındaki farktan çok daha fazla, ama son derece benzer karakterdedir. Aslında hünerliler son derece hayalcidir; imgelemleri *gerçekten* kuvvetli olanlarsa mutlaka analitiktir.

Aşağıdaki anlatı okuyucuya yukarıdaki önermeler üstünde temellenmiş bir yorumla aktarılacaktır.

18— baharında ve yazının bir kısmında Paris'te kalırken Mösyö C. Auguste Dupin adlı biriyle tanıştım. Bu genç adam tanınmış, mükemmel bir aileden gelmekteydi, ama talihsizliklerden dolayı öyle bir yoksulluğa düşmüştü ki karakterinin enerjisi bu yoksulluğun altında ezilmişti. Dünyayla ilgisini kesmiş, servetini geri almanın peşine düşmekten vazgeçmişti. Alacaklılarının inceliği sayesinde mirasının küçük bir kısmı kalmıştı elinde. Oldukça tutumlu davranarak, bu miras geliriyle hayatın gereksinimlerini hayatın gereksizliklerine kafa yormadan karşılamayı başarıyordu. Aslında tek lüksü kitaplardı ve Paris'te kitap edinmek kolaydır.

Montmartre Sokağı'ndaki küçük bir kütüphanede tanıştık. İkimiz de aynı, son derece nadide ve olağanüstü kitabın peşindeydik ve bu bizi yakınlaştırdı. Defalarca görüştük. Bana bir Fransızın kendisinden her bahsedişinde takındığı içtenlikle anlattığı kısa aile tarihine derinden ilgi duymuş, engin okuma birikimi karşısında da şaşkına dönmüştüm; ve hepsinden öte, ruhumun onun hayal gücünün vahşi coşkusu ve canlı tazeliği karşısında alevlendiğini hissediyordum. Paris'te o sıralarda peşine düştüğüm şeyleri ararken böyle bir adamın yanımda bulunmasının benim için paha biçilmez bir hazine olacağını düşündüm. Bu duygumu ona açıkça söyledim. Sonunda şehirde kaldığım süre içinde birlikte yaşamayı kararlaştırdık. Dünyevi durumum onunkinden daha az sıkıntı verici olduğundan eski ve grotesk bir konağı kiralamama ve onu ortak mizacımıza uygun, tuhaf ve kasvetli bir tarzda döşememe izin verdi. Yıkılmak üzere olan ve araştırmadığımız batıl inançlar yüzünden uzun süredir boş olan bu konak Faubourg St. Germain'in ıssız bir semtindeydi.

Buradaki gündelik yaşamımızın rutini öğrenilse herkes bize deli derdi –her ne kadar kimseye zararı yoksa da. Kusursuz bir inzivaya çekilmiştik. Ziyaretçi kabul etmiyorduk. Ben kaldığımız yeri diğer arkadaşlarımdan özenle gizlemiştim; Dupin ise yıllardır ne Parislileri tanıyor, ne de onlar tarafından tanınıyordu. Sadece kendi içimizde yaşıyorduk.

Arkadaşımın geceye tutkun olmak gibi tuhaf (başka nasıl tanımlayabilirim ki?) bir özelliği vardı. Bu *tuhaflığı* da, tıpkı diğer bütün tuhaflıklarını benimsediğim gibi, *usulca* benimsedim. Kendimi onun çılgınca kaprislerine tamamen bıraktım. O siyah tanrıça hep bizimle kalamıyordu; ama varlığının taklidini yaratabilirdik. Şafak söker sökmez eski binamızın tüm ağır perdelerini kapatıyor, son derece güçlü kokulu ve çok titrek ve donuk ışıklar yayan birkaç ince ve uzun mum yakıyorduk. Bunların yardımıyla ruhlarımızı düşlere gömüyor –okuyor, yazıyor ya da sohbet ediyorduk, ta ki saat bizi uyarıp gerçek karanlığın çöktüğünü bildirene dek. O zaman kol kola sokaklarda gezinip günün konuları üstüne konuşmayı sürdürüyor ya da aylak aylak dolanarak oldukça uzaklara kadar gidip geç vakte kadar kalabalık şehrin vahşi ışıkları ve gölgeleri arasında sessiz gözlemin verebileceği o sınırsız zihinsel heyecanı arıyorduk.

Böyle zamanlarda Dupin'deki oldukça tuhaf bir analitik yetinin farkına varmaktan ve bunu takdir etmekten kendimi alamıyordum (gerçi kusursuzluğa düşkünlüğüyle beni buna hazırlamıştı). O da bunu kullanmaktan –sergilemekten olmasa bile– haz duyar gibi görünüyordu ve bunu itiraf etmekte duraksamıyordu. Kendisi için tüm insanların göğüslerinde pencereler olduğunu söylerdi bana hafif bir kahkahayla. Bu iddiasının ardından bana kendimle ilgili şaşırtıcı derecede dolaysız ve kişisel bilgiler sıralardı. Böyle anlarda tavrı soğuk ve belirsiz oluyor, gözleri boş bir ifade taşıyordu. Genellikle yoğun bir tenor olan sesi, kararlılığı ve telaffuzunun netliği olmasa huysuzca gelebilecek kadar tizleşiyor ve sopranoya dönüşüyordu. Onu bu ruh hali içindeyken incelediğimde sık sık o eski İki-Parçalı Ruh felsefesi üstünde düşünüyor ve kendimi iki tane Dupin olduğu düşüncesiyle eğlendiriyordum –yaratıcı ve çözümleyici.

Bu söylediklerimden bir gizemin ayrıntılarını verdiğim ya da bir masal kaleme aldığım sanılmasın. Fransız'daki, tarif ettiğim şey sadece heyecanlı, belki de hastalıklı bir zekânın ürünüydü. Ama söz konusu zamanlarda söylediği sözlerin niteliği hakkında en iyi fikri bir örnek verebilir.

Bir gece Palais Royal civarındaki uzun, kirli bir sokakta geziniyorduk. İkimiz de düşüncelere dalmış olduğumuzdan en az on beş dakikadır konuşmamıştık. Dupin birden şöyle dedi:

"Orası öyle, boyu çok kısa adamın. Bu yüzden *Théâtre des Variétés*'de daha başarılı olur."

"Bundan şüphem yok," dedim dalgınlıkla, konuşmacının garip bir şekilde düşüncelerimin arasına girmiş olduğunu ilk başta fark etmeden (düşünceye öyle dalmıştım ki). Bir an sonra kendimi topladım ve derin bir hayrete kapıldım.

"Dupin," dedim büyük bir şaşkınlıkla, "bunu kavramakta zorlanıyorum. Şaşırdığımı ve duyduklarıma inanmakta güçlük çektiğimi söylemekte duraksamayacağım. Şey üstüne düşündüğümü nereden bildin, şey---?" Burada kimin üstüne düşündüğümü gerçekten bilip bilmediğinden emin olmak için durdum.

"Chantilly'yi düşünüyordun," dedi. "Niye durdun? Kendi kendine onun ufak cüssesinin trajediye uygun olmadığını söylüyordun."

Düşünmekte olduğum konu kesinlikle buydu. Chantilly eskiden St. Denis Sokağı'nda ayakkabı tamirciliği yaparken sahneye merak salmış, Crébillon'un aynı adlı trajedisinde Xerxes rolünü oynamaya soyunmuş ve çabaları yüzünden alaya alınmıştı.

"Tanrı aşkına," dedim, "lütfen bana ruhumu okumakta kullandığın bu yöntemi –eğer bir yöntem kullandıysan– açıkla." Aslında itiraf etmek istemediğim kadar irkilmiştim.

"Sana," diye karşılık verdi arkadaşım, " ayakkabı tamircisinin Xerxes rolüne *et id genus omne*[1] uygun olmadığını düşündürten meyve satıcısıydı."

"Meyve satıcısı mı! Beni şaşırtıyorsun. Meyve satıcısı filan tanımıyorum ben."

"Sokağa girerken sana çarpan adam. On beş dakika kadar önce."

Şimdi gerçekten de kafasında elma dolu büyük bir sepet taşıyan adamı anımsıyordum; biz C----- Sokağı'ndan şimdi içinde bulunduğumuz işlek caddeye girerken kazayla neredeyse yere seriyordu beni. Ama bunun Chantilly ile nasıl bir ilgisi olabileceğini anlayamıyordum.

Dupin kesinlikle şarlatan değildi. "Açıklayacağım," dedi, "ve her şeyi iyice anlayasın diye seninle konuştuğum andan söz ettiğimiz meyve satıcısıyla olan karşılaşmana dek düşüncelerini takip edeceğiz Zincirin büyük halkaları şunlar –Chantilly, Orion, Dr. Nichols, Epicurus, stereotomi, sokak taşları, meyve satıcısı."

Bazen kendi zihninin vardığı sonuçtan geriye doğru düşün-

---

1) Ve benzerlerine.

celerini takip ederek kendisini eğlendirmemiş insan yoktur. Genellikle ilginç bir uğraştır bu; kişi başlangıç noktasıyla hedef arasındaki sınırsız gibi görünen mesafe ve tutarsızlık karşısında şaşkına döner ilk başta. O halde Fransız bunları söylediğinde ve söylediklerinin doğru olduğunu kabul etmek zorunda kaldığımda hissettiğim şaşkınlığı hayal edin. Devam etti:

"Yanlış hatırlamıyorsam C----- Sokağı'ndan çıkmadan hemen önce atlardan bahsediyorduk. Bu üstünde tartıştığımız son konuydu. Bu sokağa girerken başında büyük bir sepet taşıyan bir meyve satıcısı yanımızdan hızla geçerken bize sürtünüp seni kaldırımın onarım gören bir kısmındaki bir taş yığınının üstüne doğru itti. Sen gevşek taşlardan birine bastın, kaydın, ayak bileğini hafifçe burktun; kızgın ya da alınmış görünüyordun; birkaç sözcük mırıldandın, dönüp taş yığınına baktın, sonra sessizce yürümeyi sürdürdün. Ne yaptığına özel olarak dikkat etmiş değilim; ama son zamanlarda gözlem benim için bir gereklilik haline geldi âdeta.

"Gözlerini yerden ayırmıyordun. Hırçın bir ifadeyle kaldırımdaki deliklere ve tekerlek izlerine bakıyordun (böylece hâlâ taşları düşündüğünü anladım). Derken, Lamartine adlı şu küçük dar sokağa vardık. Burada yeni bir taş döşeme tarzı denenmişti; sokak birbirini iyice kavrayan ve perçinlenmiş kaldırım taşlarıyla kaplanmıştı. Yüzüne neşe geldi ve dudaklarının kıpırdadığını görünce 'stereotomi' dediğini düşünmeden edemedim, çünkü bu yol döşeme tarzına verilen isim budur. Kendine 'stereotomi' deyince aklına mutlaka atomların, böylece de Epicurus'un teorilerinin geleceğini biliyordum. Bu konuyu kısa süre önce tartışmıştık ve sana o soylu Yunanlı'nın belirsiz tahminlerinin nebular kozmolojideki son gelişmeler tarafından doğrulanmasının ne kadar tuhaf olduğundan, ama aynı zamanda da ne kadar az dikkat çektiğinden bahsetmiştim. Gözlerini yukarı, Orion'daki o büyük nebulaya çevirmeden duramayacağını hissettim ve bunu yapmanı bekledim. Gerçekten de yukarı baktın. Artık adımlarını doğru şekilde takip etmiş olduğumdan emindim. Ama dünkü '*Musée*'de çıkan ve Chantilly'den bahseden o sert eleştiri yazısında ayakkabı tamircisinin isim değiştirmesine ilişkin olarak potinler ve trajediyle ilgili bir takım küçük düşürücü satirist göndermelerde bulunulurken üstünde sık sık tartışmış olduğumuz Latince bir cümleden alıntı yapılmıştı. Kastettiğim cümle

Perdidit antiquum litera prima sonum.[2]

Sana bu cümlenin eskiden Urion olarak yazılan Orion'dan bahsettiğini söylemiştim. Bu açıklamayla bağlantılı bir takım sivri sözlerden yola çıkarak, onu unutmuş olamayacağını biliyordum. Bu yüzden iki fikri, Orion'la Chantilly'yi mutlaka ilintilendireceğin açıktı. Bunu yaptığını dudaklarında beliren gülümsemeden anladım. O zavallı ayakkabıcının kurban edilişini düşündün. O ana dek kambur yürüyordun. Ama bir-

2) İlk harf eski okunuşunu yitirdi.

den dimdik doğrulduğunu gördüm. O zaman Chantilly'nin boyunun kısalığını düşündüğünden emin oldum. Bu noktada onun –Chantilly'nin– gerçekten çok kısa boylu bir adam olduğunu ve bu yüzden *Théâtre des Variétés*'de daha başarılı olacağını söyledim."

Bu olaydan kısa süre sonra, "Gazzette des Tribunaux"un bir akşam baskısına bakarken şu paragraflar dikkatimizi çekti.

"SIRADIŞI CİNAYETLER. – Bu sabah üç civarında Quartier St. Roch sakinleri ardı ardına gelen korkunç çığlıklarla uyandı. Seslerin Morgue Sokağı'nda Madam L'Espanaye ile kızı Matmazel Camille L'Espanaye'ye ait olduğu bilinen bir evin dördüncü katından geldiği anlaşıldı. Evin içine normal yoldan girme girişimleri sonuçsuz kaldıktan –geç kalınmasına yol açmıştı bu girişimler– sonra ana kapı bir levyeyle kırıldı ve sekiz on komşuyla iki jandarma içeri girdi. Bu arada çığlıklar kesilmişti; ama grup birinci kat merdivenini koşarak çıkarken evin üst katlarından geldiği sanılan ve öfkeyle tartışan, iki ya da daha fazla kalın ses duymuşlardı. İkinci kata varıldığında bu sesler de kesilmişti; ortalık son derece sessizdi. Gruptakiler dağılıp aceleyle odadan odaya dolaştı; dördüncü katın arka tarafındaki geniş bir odaya vardıklarında (kapısı kilitli ve anahtarı içeride kilidin üstünde bırakılmış olduğundan zorla açılmıştı) hepsini hem hayrete, hem de dehşete düşüren bir görüntüyle karşılaştılar.

"Dairenin içi karmakarışıktı. Kırılmış eşyalar her tarafa saçılmıştı. Tek karyola vardı ve bunun şiltesi alınıp odanın ortasına fırlatılmıştı. Bir sandalyenin üstünde kana bulanmış bir ustura duruyordu. Şöminenin üstünde yine kana bulanmış iki üç uzun saç buklesi vardı, kırlaşmış, gür, uzun buklelerdi. Köklerinden koparılmış gibiydiler. Yerde dört Napolyon[3] bir topaz küpe, üç büyük gümüş kaşık, üç daha küçük *métal d'Alger* ve içinde neredeyse dört bin frank değerinde altın bulunan iki torba bulundu. Bir köşedeki yazı masasının çekmeceleri açıktı ve içlerinden bir şeyler alındığı anlaşılıyordu –içlerinde hâlâ pek çok şey bulunsa da. *Şiltenin* (karyolanın değil) altında ufak bir demir kasa bulundu. Açıktı ve anahtarı hâlâ üstündeydi. İçinde birkaç eski mektup ve büyük önem taşımayan başka kâğıtlar dışında hiçbir şey yoktu.

"Madam L'Espanaye'den hiçbir iz yoktu; ama şöminede aşırı miktarda kurum olduğu fark edilince şömine bacası incelendi ve Madamın kızının cesedi (söylemesi ne korkunç!) orada bulundu. Baş aşağı şekilde sıkışmış durmaktaydı ve çekilip çıkarıldı; dar bacanın epey içine itilmişti. Ceset sıcaktı. İncelenince üstünde epey sıyrık keşfedildi. Bunlar bacaya sokulup çıkarılırken oluşmuştu şüphesiz. Yüzünde çok sayıda ciddi tırmık, boynunda da siyah çürükler ve derin tırnak izleri vardı; boğazı sıkılarak öldürülmüştü anlaşılan.

"Evin her tarafı iyice arandı, ama başka bir şey bulunamadı ve grup binanın arkasındaki küçük, taş döşeli bir avluya geçti. Burada yaşlı bayanın cesedini buldular. Boğazı öyle derin kesilmişti ki onu kaldırmaya çalıştıklarında kafası düştü.

3) Yirmi franka eşdeğer olan eski altın Fransız parası – ÇN.

Gövdesi de kafası gibi korkunç şekilde parçalanmıştı ve artık insan bedeni olmaktan çıkmıştı sanki.

"Bu korkunç gizeme ilişkin herhangi bir ipucu bulunamadığına inanıyoruz."

Ertesi günün gazetesinde şu ayrıntılar yer alıyordu.

"*Morgue Sokağı'ndaki trajedi.* Bu son derece sıradışı ve korkunç meseleye ilişkin olarak pek çok kişi sorgulandı." [Fransa'da "mesele" sözcüğü henüz bizdeki gibi ciddiyetsiz anlamlarda kullanılmıyor.] "Ama henüz cinayeti aydınlatacak bir ipucu ele geçirilmiş değil. Aşağıda tanık ifadelerinden elde edilen tüm bilgileri veriyoruz.

"*Pauline Duborg* (çamaşırcı) her iki müteveffayı da üç yıldır tanıdığını, bu süre boyunca onların çamaşırlarını yıkadığını söylüyor. Yaşlı kadınla kızının arası gayet iyi görünüyormuş. Birbirlerine karşı son derece muhabbetli davranıyorlarmış. Pauline'in çok iyi müşterisiymişler; ama yaşam tarzlarına ya da para kazanma yollarına ilişkin bir şey söyleyemedi. Madam L.'nin fal bakarak geçindiğine ve para biriktirdiğine inanıyordu kadın. Çamaşırları almaya ya da vermeye giderken evde kimseyle karşılaşmamış. Hizmetçi tutmamış olduklarından emin. Binanın sadece dördüncü katında eşya vardı.

"*Pierre Moreau* (tütüncü) Madam L'Espanaye'ye neredeyse dört yıldır ufak miktarlarda tütün ve enfiye sattığını söylüyor. O mahallede doğmuş ve hep orada oturmuş. Müteveffayla kızı, içinde ölü bulundukları binada altı yılı aşkın bir süreden beri oturuyorlarmış. Burada daha önce bir kuyumcu kalıyor, üst odaları kiralıyormuş. Binanın sahibi Madam L. imiş. Binasının kiracısı tarafından suiistimal edilmesinden bıkınca buraya kendisi yerleşmiş ve herhangi bir kısmını kiralamayı reddetmiş. Yaşlı kadın çocuksu biriymiş. Tanık, kızı altı sene içinde beş altı kez görmüş. İkisi tam bir münzevi yaşamı sürdürüyorlarmış. Paralı oldukları söyleniyormuş. Tütüncü yaşlı kadınla kızı, bir iki kez bir hamal ve sekiz on kez bir doktor dışında kapıdan kimsenin girdiğini görmemiş.

"Pek çok başka kişi, komşular benzer ifadeler verdiler. Binaya sürekli gelip giden birinden kimse bahsetmedi. Madam L. ile kızının yaşayan akrabaları olup olmadığı bilinmiyordu. Ön pencerelerin panjurlarının açıldığı çok enderdi; arkadakilerse, dördüncü kattaki büyük arka odanınki dışında hep kapalıydı. Bina iyi durumdaydı –fazla eski değildi.

"*İsodore Musèt* (jandarma) binaya sabah üçte çağrıldığını ve ana kapının önünde içeri girmeye çalışan yirmi otuz kişi gördüğünü söylüyor. Kapıyı sonunda bir süngüyle –levyeyle değil– zorla açmışlar. Çift kanatlı bir kapı olduğundan ve aşağıdan ya da yukarıdan sürgülenmediğinden açmakta zorluk çekmemişler. Çığlıklar kapı zorlanana dek sürmüş –sonra birden kesilmiş. Büyük acı çeken birinin (ya da birilerinin) haykırışlarına benziyormuş –yüksek sesli ve uzunmuş, kısa ve çabuk değil. Tanık, başı çekip merdiveni çıkmış. Birinci kata vardığında iki yüksek ve öfkeli sesin tartıştığını işitmiş; birinin sesi kalın, diğerininkiyse çok daha tizmiş –oldukça tuhaf bir sesmiş. Birincisinin söylediği birkaç sözcüğü seçebilmiş. Bir Fransızmış. Kadın olmadığından kesinlikle emin. '*Sacré*' ve '*diable*' sözcüklerini duyabilmiş. Tiz ses bir yabancıya aitmiş. Bunun bir kadından mı, erkekten mi geldiğine emin olamıyor. Söylenenleri anlayamamış, ama kullanılan dilin İspanyolca olduğuna inanıyor. Bu tanığın odanın ve cesetlerin durumuna ilişkin tasvirleri dün bizim verdiğimizin aynısı.

"*Henry Duval* (mesleği gümüşçülük olan bir komşu) binaya ilk girenlerden olduğunu söylüyor. Musét'nin ifadesini genelde doğruluyor. İçeri zorla girer girmez kalabalığı dışarıda tutmak için kapıyı tekrar kapamışlar. Vaktin geçliğine karşın dışarıda hızla büyük bir kalabalık birikmiş. Tanık tiz sesin bir İtalyana ait olduğunu düşünüyor. Fransız olmadığından emin. Erkek sesi olup olmadığına karar veremiyor. Sözcükleri seçememiş, ama konuşanın tonlamasından İtalyan olduğuna emin. Madam L. ile kızını tanıyormuş. İkisiyle de sık sık sohbet edermiş. O tiz sesin her iki müteveffadan da çıkmadığına emin.

"------- *Odenheimer* (restoratör) Bu tanık ifadesini gönüllü verdi. Fransızca bilmediğinden bir çevirmen aracılığıyla konuştu. Amsterdamlı. Çığlıklar atılırken binanın önünden geçiyormuş. Dakikalarca sürmüş çığlıklar –muhtemelen on dakika. Uzun ve yüksek sesliymişler –son derece korkunç ve sıkıntı vericiymişler. Binaya ilk girenlerden biriymiş. Daha önceki ifadeleri tek bir nokta dışında tamamen doğruladı. O tiz sesin bir erkekten geldiğinden emin –bir Fransızdan. Söylenen sözcükleri seçememiş. Yüksek sesle ve çabuk çıkarılıyorlarmış –düzensiz aralıklarla. Öfke kadar korkuyla da söylendikleri belliymiş. Ses haşinmiş –tizden çok haşinmiş. Tiz olmadığını söylüyor. Kalın ses defalarca *'sacré'*, *'diable'* ve bir kez de *'mon Dieu'* demiş.[4]

"*Jules Mignaud*'ın (Deloraine Sokağı'ndaki Mignaud et Fils şirketinin bankeri; Mignaudların yaşlısı) söylediğine göre Madam L'Espanaye'nin bazı mülkleri varmış. --------- yılının baharında (sekiz yıl önce) bankasında bir hesap açtırmış; sık sık küçük meblağlar yatırırmış. Ölümünden üç gün önceye; gelip bizzat 4000 frank çektiği güne kadar hiç para çekmemiş. Bu meblağ kendisine altın olarak ödenmiş ve para evine bir kâtiple gönderilmiş.

"*Adolphe Le Bon* (Mignaud et Fils'de kâtip) söz konusu günün öğle saatlerinde Madam L'Espanaye'ye evine dek eşlik ettiğini, iki torbaya konulmuş 4000 frankı kendisinin verdiğini söylüyor. Kapı açılınca Matmazel L. belirmiş ve torbalardan birini elinden almış. Yaşlı kadın da diğerini almış. Kâtip o zaman eğilerek selam vermiş ve oradan ayrılmış. O sırada sokakta kimseyi görmemiş. Burası bir arka sokak –oldukça ıssız.

"*William Bird* (terzi) binaya girenlerden biri olduğunu söylüyor. İngiliz. Paris'te iki senedir yaşıyormuş. Merdivenleri ilk çıkanlardan biriymiş. Tartışan sesler duymuş. Kalın ses bir Fransıza aitmiş. Pek çok sözcüğü seçebilmiş, ama şimdi hepsini anımsayamıyor. *'Sacré'*yi ve *'mon Dieu'*yü netçe işit-

4) "Kutsal", "şeytan" ve "Tanrım".

miş. Tam o anda sanki pek çok kişi boğuşuyormuş gibi bir ses duyulmuş –bir kazıma ve sürtünme sesi. Tiz ses çok yüksekmiş –kalın sesten daha yüksekmiş. Bunun bir İngilizin sesi olmadığından emin. Bir Almanınkine benziyormuş. Kadın sesi olabilirmiş. Almanca bilmiyor.

"Yukarıdaki tanıklardan dördü, kendilerine hatırlatılınca Matmazel L.'nin cesedinin bulunduğu odanın kapısının grup vardığında içeriden kilitli olduğunu söyledi. Ortalığa mutlak bir sessizlik hâkimmiş. İnilti ya da başka bir ses duyulmuyormuş. Kapıyı zorla açınca kimseyi görememişler. Hem ön, hem de arka odanın pencereleri içeriden sıkıca kilitliymiş. İki oda arasındaki kapı kapalı, ama kilitli değilmiş. Ön kapıdan koridora açılan kapı kilitliymiş ve anahtarı üstündeymiş. Dördüncü kattaki, binanın ön tarafındaki, koridorun girişindeki küçük bir odanın kapısı aralıkmış. Bu oda eski yataklarla, kutularla vs. doluymuş. Bunlar dikkatle taşınıp incelenmiş. Evin aranmadık yeri kalmamış. Bacalara temizleyiciler gönderilmiş. Bina dört katlı; tavan arasında da bir oda *(mansardes)* var. Çatıdaki bir kapak oldukça sağlam bir şekilde çiviliymiş –bu kapak yıllardır açılmamış gibi görünüyormuş. Tanıklar tartışan seslerle oda kapısının kırılması arasında geçen süre konusunda farklı ifadeler verdi. Bazıları üç dakika gibi kısa bir süre olduğunu söylüyor –bazılarıysa beş dakika gibi uzun bir süre olduğunu. Kapının açılması zor olmuş.

"*Alfonzo Garcio* (cenaze kaldırıcısı) Morgue Sokağı'nda oturduğunu söylüyor. İspanyol asıllı. Binaya girenlerden biriymiş.

Merdivenleri çıkmamış. Sinirliymiş ve heyecanının doğurabileceği sonuçlardan korkmuş. Tartışan sesleri işitmiş. Kalın olanı bir Fransıza aitmiş. Ne söylediğini anlayamamış. Tiz ses bir İngilize aitmiş –bundan emin. İngilizce bilmiyor, ama tonlamadan anlamış.

"*Alberto Montani* (şekerci) merdivenleri ilk çıkanlardan biri olduğunu söylüyor. Söz konusu sesleri işitmiş. Kalın ses bir Fransıza aitmiş. Pek çok sözcüğü seçebilmiş. Konuşmacı azarlar gibiymiş. Tiz sesin söylediklerini seçememiş. Çabuk ve düzensiz aralıklarla konuşuyormuş. Bir Rusa ait olduğunu düşünüyor. Genel ifadeyi doğruluyor. Kendisi bir İtalyan ve bir Rusla hiç konuşmamış.

"Pek çok tanık kendilerine anımsatılınca dördüncü kattaki bütün odaların bacalarının bir insanın sığamayacağı kadar dar olduğunu söyledi. Baca temizleyicilerinin kullandığı türden silindir şeklindeki baca fırçaları evdeki tüm baca borularının içine sokulmuş. Grup merdivenlerden yukarı çıkarken herhangi birinin aşağı inebileceği bir arka geçit yokmuş. Matmazel L'Espanaye'nin cesedi bacaya öyle sıkıştırılmış ki aşağı indirilmesi için gruptan dört beş kişinin güçlerini birleştirmesi gerekmiş.

"*Paul Dumas* (doktor) şafak sökerken cesetleri incelemeye çağrıldığını söylüyor. Geldiğinde her iki ceset de Matmazel L.'nin bulunduğu odadaki karyola şiltesinin üstüne yatırılmış. Genç bayanın cesedi çok daha hırpalanmış ve derisi sıyrılmış haldeymiş. Mösyö Dumas bunun sebebinin aşağıdan bacaya tıkılmış olması olduğunu düşünüyor. Boğazı yara bere içindeymiş. Çenedeki derin tırmıkların ve mor lekelerin açıkça parmak izi olduğunu söylüyor. Korkunç bir solgunluktaki yüzde gözler dışarı fırlamış, dil kısmen ısırılmış durumdaymış. Karındaki büyük bir çürüğe bir dizin baskısının yol açtığını düşünüyor doktor. Mösyö Dumas'ya göre Matmazel L'Espanaye bilinmeyen bir kişi ya da kişiler tarafından boğazı sıkılarak öldürülmüş. Annesinin cesedi korkunç bir şekilde hırpalanmış haldeymiş. Sağ bacağın ve kolun neredeyse bütün kemikleri kırılmış. Sol incik kemiği ve sol taraftaki kaburga kemikleri parçalanmış. Cesedin her tarafında korkunç bir solgunluk ve çürükler varmış. Yaraların nasıl oluştuğunu bilmenin mümkün olmadığını söylüyor. Ağır bir tahta sopa ya da demir çubuk, bir sandalye, herhangi bir büyük, ağır ve kalın silah çok güçlü bir adam tarafından kullanılırsa bu sonuçları doğurabilirmiş. Bu darbeleri bir kadın indirmiş olamazmış. Cesedin kafası, tanık onu gördüğünde gövdesinden tamamen ayrılmış ve epey parçalanmış haldeymiş. Boğazın son derece keskin bir aletle –muhtemelen bir usturayla kesildiği anlaşılıyormuş.

"*Alexandre Etienne* (cerrah) Mösyö Dumas'yla birlikte cesetleri incelemeye çağrılmış. İfadelere ve Mösyö Dumas'nın görüşlerine katılıyor.

"Daha başka pek çok kişinin ifadesi alınsa da başka önemli bir bilgi elde edilemedi. Paris'te daha önce bu kadar gizemli ve her açıdan kafa karıştırıcı bir cinayet işlenmemişti –bu bir cinayetse tabii. Polis şaşkına dönmüş durumda. Bu son derece sıradışı bir olay. Ancak ellerinde tek bir ipucu bile yok."

Gazetenin akşam baskısı Quartier St. Roch'da hâlâ büyük bir heyecanın sürdüğünü belirtiyordu –söz konusu bina ve müştemilatının dikkatle tekrar araştırıldığını ve tanıkların tekrar ifadelerinin alındığını, ama bunların işe yaramadığını yazıyordu. Ancak bir dipnotta Adolphe Le Bon'un tutuklandığı belirtiliyordu, oysa yukarıdaki veriler dışında onu suçlayan bir kanıt yoktu.

Dupin bu olayın gelişimiyle tuhaf bir şekilde ilgileniyordu –en azından ben tavırlarından bunu çıkardım, çünkü bu konuda bir şey söylemedi. Bana cinayetlere ilişkin fikrimi ancak Le Bon'un tutuklandığı açıklandıktan sonra sordu.

Tek yapabildiğim tüm Paris'e katılıp bunun çözülemez bir gizem olduğunu söylemekti. Katili bulmanın yolunu göremiyordum.

"Yolları," dedi Dupin, "bu yetersiz incelemeye göre değerlendirmemeliyiz. Paris polisi, yerinde ve doğru kararlar verme konusunda göklere çıkarılsa da yaptıkları sadece kurnazlık, ama hepsi bu. Hareket tarzlarında sadece ana yönelik bir yöntem var, o kadar. Yöntemleriyle epey hava atıyorlar, ama bunlar genellikle ellerindeki vakaya öyle uygunsuz ki insana Mösyö Jourdain'in röpdoşambrını isteyişini hatırlatıyor – *pour mieux entendre la musique.* Vardıkları sonuçlar çoğunlukla şaşırtıcı, ama bunları elde etmelerini genellikle sadece çalışkanlıklarına ve gayretliliklerine borçlular. Bu nitelikler işe yaramadığı zaman planları bozuluyor. Mesela Vidocq iyi bir tahminci ve azimli bir adamdı. Ama düşünce tarzı eğitimsiz olduğundan, araştırmalarının yoğunluğu yanılmasına yol açıyordu. Hedefini gözüne fazla yakın tutarak görüşünü bulandırıyordu. Belki bir iki noktayı sıradışı bir netlikle görebiliyor, ama bunu yapmakla genele ilişkin netliğini yitiriyordu. Yani fazla derin olmak diye bir şey vardır. Gerçek her zaman bir kuyuda bulunmaz. Aslında bence gerçek kesinlikle yüzeydedir. Gerçek onu aradığımız vadilerde değil, dağ zirvelerinde bulunur. Bu türden bir hatanın biçimleri ve kaynakları gökcisimlerinin ele alınmasında tipik olarak görülebilir. Bir yıldıza yan gözle, retinanın dış kısımlarıyla baktığımızda (bu kısımlar zayıf ışıklara daha duyarlıdır) yıldızı net olarak görürüz – ışığını en iyi şekilde algılarız. Bu ışık gözümüzü *tamamen* ona çevirdikçe belirsizleşir. Bu sonuncusunda gözümüze vuran ışık miktarı daha çoktur, ama ilkinde netlik kapasitesi daha fazladır. Aşırı derinlik düşünce kapasitemizi karıştırır ve zayıflatır. Fazla uzun süreli, fazla yoğun ya da fazla direkt bir incelemeyle Venüs'ü bile gökyüzünden silebiliriz.

"Bu cinayetlere gelince, bir fikir sahibi olmadan önce onları kendimiz biraz inceleyelim. Bir araştırma bizi eğlendirir." [Bunu söylemesinin tuhaf olduğunu düşündüm, ama bir şey demedim.] "Hem Le Bon bana bir zamanlar yardım etmişti ve ona minnettarım. Gidip şu binaya bir de biz bakalım. G-----'yi, Polis Komiseri'ni tanıyorum. Gerekli izni kolayca alırız."

İzni alıp hemen Morgue Sokağı'na gittik. Burası Richeliue

ile St. Roch sokakları arasındaki o berbat işlek sokaklardan biri. Oraya öğle sonrasının geç saatlerinde vardık; çünkü burası oturduğumuz yere epey uzaktı. Evi kolayca bulduk; çünkü sokağın karşısından kapalı panjurlara amaçsız bir merakla bakan bir sürü insan vardı hâlâ. Burası sıradan bir Paris binasıydı. Ana kapının bir yanında camlı bir bekçi kulübesi vardı. Bunun penceresinin açılabiliyor olması bir loge de congierge[5] olduğunu gösteriyordu. İçeri girmeden önce sokakta yürüdük, dar bir sokağa saptık ve sonra tekrar sapıp binanın arka tarafına ulaştık. Bu arada Dupin bina kadar tüm mahalleyi de anlam veremediğim bir dikkatle incelemişti.

Tekrar geri dönüp binanın önüne geldik ve belgelerimizi gösterdikten sonra görevli memurlar tarafından içeri alındık. Yukarı, Matmazel L'Espanaye'nin cesedinin bulunmuş olduğu ve şimdi iki ölünün hâlâ içinde yattığı odaya çıktık. Odanın karmaşasına, alışılageldik şekilde, dokunulmamıştı. Gazette des Tribunaux'da yazılanların ötesinde bir şey görmedim. Dupin her şeyi inceledi –buna kurbanların cesetleri de dahildi. Sonra diğer odalara geçtik ve avluya indik. Bir jandarma bize sürekli eşlik ediyordu. İnceleme işini hava kararana kadar sürdürdükten sonra binadan çıktık. Eve giderken arkadaşım bir dakikalığına günlük gazetelerden birinin yazıhanesine uğradı.

Arkadaşımın pek çok kaprisi olduğunu söylemiştim. *Je les ménageais:*[6] Bu cümlenin İngilizce karşılığı yoktur. Şimdi ci-

---

5) Kapıcı dairesi.
6) Bunlara anlayışlılıkla yaklaşıyordum.

nayet konusunda tek kelime etmeyi reddediyordu. Bu durum ertesi günün öğle vaktine dek sürdü. O zaman ansızın bana cinayet mekânında *tuhaf* bir şey fark edip etmediğimi sordu.

"Tuhaf" sözcüğünü vurgulayışında beni sebebini bilmeden ürperten bir şey vardı.

"Hayır, *tuhaf* bir şey fark etmedim," dedim; "en azından ikimizin de gazetede okuduklarımızın dışında."

"Gazette," diye karşılık verdi, "korkarım ki bu meselenin sıradışı korkunçluğuna değinmemiş. Ama gazetenin yararsız fikirlerini boşver. Bence bu vakanın çözülemez olduğunun düşünülmesinin sebebi tam da onu kolayca çözülebilir kılan şey –yani niteliklerinin *outréliği.*[7] Polis cinayet işlenmesi için bir neden yokmuş gibi görünmesinden dolayı şaşkına dönmüş durumda –cinayetin kendisine değil, vahşiliğine ilişkin olarak şaşkın. Tartışan kişilere ait sesler işitildiği halde, üst katta öldürülmüş olan Matmazel L'Espanaye'den başka kimsenin bulunamayışı ve aşağıdaki gruba fark ettirmeden dışarı çıkmanın imkânsız oluşu gibi olanaksız bir durum karşısında şaşkına dönmüş durumdalar. Odadaki çılgınca karmaşa; bacaya baş aşağı tıkılmış ceset; yaşlı kadının vücudunun korkunç bir şekilde parçalanmış olması; bu noktalar şimdi bahsettiklerimle ve bahsetmeye gerek duymadığım başka noktalarla birleşince hükümet memurlarının o çok övündükleri yerinde ve doğru kararlar verme yeteneğini felce uğrattı.

---

7) Tuhaf.

Sıradışını çapraşıkla karıştırmak gibi kaba, ama yaygın bir hataya düştüler. Ama mantık, gerçeği el yordamıyla ararken sıradanlık boyutunun ötesine geçer. Şimdi bizim araştırmakta olduğumuza benzeyen durumlarda 'Ne oldu?' sorusundan çok 'Daha önce olmayan ne oldu?' sorusunu sormak gerekir. Aslında bu gizemi çözmedeki (belki de çözdüm bile) rahatlığım polisin gözündeki çözülemezliğiyle doğru orantılı."

Ona hayretten dilim tutulmuş halde bakıyordum.

"Şimdi," diye devam etti evimizin kapısına bakarak, "şimdi belki bu kasaplıkların faili olmasa bile onların işlenmesine bir şekilde karışmış olan birinin gelmesini bekliyorum. İşlenen suçların en korkunç kısmında muhtemelen kabahati yok. Umarım bu konuda haklıyımdır; çünkü bu bilmeceye getirdiğim çözümü tamamen bunun üstünde temellendirdim. O adam buraya –bu odaya– her an gelebilir. Gelmeyebilir de tabii; ama büyük olasılıkla gelecek. Gelirse onu alıkoymamız gerek. İşte tabancalar. İkimiz de gerektiğinde onları nasıl kullanacağımızı biliyoruz."

Ben ne yaptığımı bilmeden ya da kulaklarıma inanamadan tabancaları alırken Dupin kendi kendine konuşurcasına devam etti. Böyle zamanlardaki belirsiz tavrından daha önce de bahsetmiştim. Benimle konuşuyordu; ama sesi, yüksek olmasa da uzaktaki biriyle konuşuyormuş gibi bir tonlamaya sahipti. Gözlerini boş bir ifadeyle duvara dikmişti.

"Merdivendeki grup tarafından işitilen o tartışma seslerinin kadınlara ait olmadığını kanıtlar açıkça ortaya koydu," dedi.

"Bu hepimizi yaşlı kadının belki de önce kızını öldürmüş, sonra da intihar etmiş olduğu şüphesinden kurtarıyor. Bu noktadan sadece yöntem adına bahsediyorum. Ne de olsa Madam L'Espanaye'nin gücü tabii ki kızını bacadan yukarı, bulunduğu haliyle itmeye yetmezdi. Kendi vücudundaki yaralar da bunları kendisinin açmış olabileceği olasılığını tamamen geçersiz kılıyor. Demek ki katil başkası ya da başkaları. Hem zaten tartışma sesleri işitilmiş. Şimdi bu seslere ilişkin ifadelerden değil, bu ifadelerdeki *tuhaflıktan* bahsedeyim. İfadelerde tuhaf bir şeye rastladın mı?"

Bütün tanıkların kalın sesin bir Fransıza ait olduğunda hemfikir olmasına karşın, tiz ya da bir kişinin deyimiyle haşin ses konusunda epey fikir ayrılığı olduğunu belirttim.

"Bu kanıtın ta kendisi," dedi Dupin, "ama kanıtın tuhaflığı değil. Belirgin bir şey fark etmemişsin. Ama fark edilecek bir şey vardı. Tanıklar, söylediğin gibi, kalın ses konusunda hemfikirdi; bu noktadaki kanıları aynıydı. Ama tiz ses konusunda tuhaf olan farklı kanılarda olmaları değil, bir İtalyan'ın, bir İngiliz'in, bir İspanyol'un, bir Hollandalı'nın ve bir Fransız'ın her birinin, onu tanımlamaya kalkışırken *bir yabancıya ait olduğunu* söylemiş olması. Hepsi de sesin sahibinin kendi ülkesinden olmadığına emin; sesi dilini bildiği bir ülkeden birininkine değil, tam tersine benzetiyor. Fransız bunun bir İspanyolun sesi olduğunu, '*İspanyolca bilse* bazı sözcükleri seçebileceğini' düşünüyor. Hollandalı sesin bir Fransıza ait olduğunu öne sürüyor; ama bu tanığın '*Fransız-*

ca bilmediğinden bir çevirmen aracılığıyla konuştuğunu' öğreniyoruz. İngiliz sesin bir Almana ait olduğunu düşünüyor ve *'Almanca bilmiyor'*. İspanyol sesin bir İngilize ait olduğundan 'emin', ama 'tonlamadan anlamış', çünkü *'İngilizce bilmiyor'*. İtalyan bunun bir Rusun sesi olduğuna inanıyor, ama *'bir Rusla hiç konuşmamış.'* Dahası ikinci bir Fransız birincisinden farklı kanıda ve sesin bir İtalyana ait olduğunu savunuyor; ama *bu dili bilmediğinden* o da İspanyol gibi 'tonlamadan anlamış'. Şimdi, birbirinden bu kadar farklı ifadelere yol açan bir ses son derece tuhaf olsa gerek! Avrupa'nın beş büyük ülkesinin vatandaşları, *tonlamasında* bile tanıdık bir şey bulamamış! Belki de bir Asyalı ya da Afrikalıya ait olduğunu söyleyeceksin. Paris'te fazla Asyalı ya da Afrikalı bulunmaz. Ama bu sonucu reddetmeden dikkatini üç noktaya çekeceğim. Ses tanıklardan biri tarafından 'tizden çok haşin' olarak tanımlandı. İkisi 'çabuk ve *düzensiz* aralıklı' olduğunu söyledi. Hiçbir tanık herhangi bir belirgin sözcükten –sözcükleri andıran bir sesten bahsetmedi.

"Şimdiye kadar," diye devam etti Dupin, "kavrayışın üstünde nasıl bir etki uyandırdım bilmiyorum. Ama ifadelerin bu kısmından –kalın ve tiz seslere ilişkin kısmından– bile varılacak mantıksal çıkarımların gizemin araştırılmasındaki tüm yönlerde bir ilerleme sağlayacak bir şüpheyi uyandırmaya yeterli olduğundan eminim. 'Mantıksal çıkarımlar' dedim; ama bu kastettiğim şeyi tam anlamıyla karşılamıyor. Çıkarımların *tek* uygun çıkarımlar, bunların doğurduğu şüphelerin de tek ve *kaçınılmaz* sonuç olduğunu söylemek istedim. Ama neden şüphelendiğimi henüz söylemeyeceğim. Sadece şunu aklında tutmanı istiyorum ki, benim için odadaki araştırmalarıma belirgin bir şekil –bir eğilim vermeye yetti.

"Şimdi kendimizi o odadaymış gibi hayal edelim. Burada önce neyi arayacağız? Katillerin içeri nereden girdiklerini. İkimizin de doğaüstü olaylara inanmadığımızı söylemek gereksiz. Madam L'Espanaye ile kızını öldürenler ruhlar değildi. Bu işi yapanlar cismaniydi ve cismani bir şekilde kaçtılar. Ama nasıl? Neyse ki bu noktada tek bir mantık yürütme yöntemine sahibiz ve bu yöntem bizi *mutlaka* bir sonuca ulaştıracak. Olası giriş yollarını teker teker ele alalım. Grup merdivenleri çıkarken katilin Matmazel L'Espanaye'nin bulunduğu, ya da en azından bunun yanındaki odada olduğu açık. Demek ki sadece bu iki odada odaklanacağız. Polis döşemeleri, tavanları ve duvarları tamamen aradı. *Gizli* bir çıkış yolu gözlerinden kaçamazdı. Ama *onların* gözlerine güvenmediğimden bizzat ben de araştırdım. Gizli bir çıkış yolu *yoktu*. Odalardan koridora açılan iki kapı kilitliydi ve anahtarları iç kısımlarında, üstlerindeydi. Bacalara bakalım. Bunlar şöminelerin iki buçuk-üç metre kadar üstünde; sıradan genişlikte olsalar da içlerinden iri bir kedi bile geçemezdi. Böylece buralardan girmenin olanaksız olduğunu anladığımızdan geriye sadece pencereler kalıyor. Kimse ön odanın pencerelerinden dışarıdaki kalabalığın dikkatini çekmeden kaçamazdı. O halde katiller arka odanın pencerelerinden kaçmış *olmalı*. Şimdi, bu noktaya oldukça net bir şekilde vardıktan sonra, mantık yürütücüler olarak bu olasılığı görünürdeki olanaksızlıklar yüzünden reddetmemiz doğru değil. Bize düşen sadece bu görünürdeki 'olanaksızlıkların' aslında hiç de olanaksız olmadığını kanıtlamak.

"Bu odada iki pencere var. Biri eşyalar tarafından örtülmemiş durumda ve tamamen görünüyor. Diğerinin alt kısmı buna dayatılmış olan ağır karyola tarafından örtülmüş. Birincisi içeriden sıkıca kapatılmış; camı açmaya çalışanların tüm çabalarına direndi. Pencerenin çerçevesinin sol tarafında iri bir burgu deliği var ve kalın bir çivi bu deliğe neredeyse tamamen sokulmuş. Diğer pencerede de benzer bir çivi bulundu ve bu çerçeveyi kaldırma girişimi de sonuçsuz kaldı. Böylece polis kaçışın bu pencerelerden yapılmadığına tamamen emin oldu. Ve *bu yüzden* çivileri çekip pencereleri açmak gereksiz göründü.

"Benim araştırmam biraz daha ayrıntılıydı. Bunun sebebini az önce söyledim –görünürdeki tüm olanaksızlıkların aslında hiç de olanaksız olmadığının kanıtlanması *gerektiğini* biliyordum.

"Böylece *à posteriori*"[8] düşünmeye başladım. Katiller o pencerelerden birinden çıkmıştı. Kaçtıktan sonra pencere çerçevelerini içeriden, bulunmuş oldukları şekliyle kapatamazlardı. Bunun barizliği polisin bu noktada daha fazla düşünmesini engelledi. Ama çerçeveler *kapalıydı.* O halde kendi kendilerine kapanabiliyor *olmalıydılar.* Bu sonuçtan kaçınmak mümkün değildi. Önü açık pencereye gittim, çiviyi biraz

8) "Bu gerçekten sonra" –yani, haklı olduğumu varsayarak.

güçlükle çıkardım ve çerçeveyi kaldırmaya çalıştım. Beklediğim gibi tüm çabalarıma direndi. Artık gizli bir zembereğin bulunması gerektiğini biliyordum; ve fikrimin bu şekilde doğrulanması dayanak noktalarımın en azından doğru olduğuna ikna olmamı sağladı, her ne kadar çiviler meselesi hâlâ gizemli görünse de. Dikkatli bir arama sonunda kısa sürede gizli zembereği buldum. Ona bastım ve bu keşfimden tatmin olduğum için çerçeveyi kaldırmadım.

"Sonra çiviyi yerine koydum ve dikkatle incelemeye başladım. Bu pencereden çıkan biri onu tekrar kapatabilirdi ve zemberek ilk halini alırdı –ama çiviyi yerine koyamazdı. Sonuç ortadaydı ve araştırma sahamı bir kez daha daralttı. Katiller diğer pencereden kaçmış *olmalıydı*. Pencere çerçevelerindeki zembereklerin aynı olduğunu varsayarak, ki bu mümkündü, çivilerin ya da en azından takılma şekillerinin farklı *olması gerektiğini* düşündüm. Karyolanın şiltesinin üstüne çıkarak ikinci pencerenin tahtasını dikkatle inceledim. Elimi bunun üzerinde gezdirince zembereği hemen buldum ve ona bastım. Yapısı tahmin ettiğim şekilde gerçekten komşusununki gibiydi. Sonra çiviye baktım. Diğeri kadar kalındı ve aynı şekilde takılmış gibiydi. Neredeyse başına dek içeri sokulmuştu.

"Şaşırmış olmam gerektiğini söyleyeceksin. Ama böyle düşünüyorsan tümevarımlarımın doğasını yanlış anlamış olmalısın. Bir kez bile hata yapmamıştım. Görüntüyü bir kez bile yitirmemiştim. Zincirin hiçbir halkasında kusur yoktu. Gizemi mutlak sonucuna dek takip etmiştim –ve bu sonuç *çivinin başıydı*. Dediğim gibi, her açıdan diğer penceredekinin aynısı gibi görünüyordu –ama bu gerçek (mutlak gibi görünse de), ipucunun burada, bu noktada son bulduğu olgusuna kıyasla kesinlikle bir hiçti. 'Çivi başında,' diye düşündüm, 'bir terslik *olmalı*.' Ona dokundum; ve başı, gövdesinin altı-yedi milim kadarıyla birlikte parmaklarımın arasında kaldı. Gövdenin geri kalanı kırıldığı yerde, çivi deliğinin içindeydi. Elimdeki parça eskiydi (çünkü kenarları pas tutmuştu) ve bir çekiçle çakılmış olmalıydı. Çekiç çivinin başını alt pencere çerçevesine kısmen gömmüştü. Çivi başını deliğin üstüne, aldığım yere dikkatle geri yerleştirdim. Şimdi sağlam bir çivi gibi görünüyordu. Kırık fark edilmiyordu. Zembereğe basıp çerçeveyi bir santim kaldırdım. Çivi başı da çerçeveyle birlikte yükseldi, delikten düşmeden. Pencereyi kapadım. Şimdi yine sağlam bir çivi gibi görünüyordu.

"Bulmacanın şimdiye kadarki kısmı çözülmüştü. Katil karyolanın ardındaki pencereden kaçmıştı. Pencere o çıktıktan sonra kendi kendine düşmüş (belki de katil tarafından kapatılmış) ve zemberek tarafından kilitlenmişti. Polis pencereyi kapalı tutanın çivi değil zemberek olduğunu anlayamamıştı. Çünkü bu konuyu daha fazla araştırmaya gerek görmemişlerdi.

"Sıradaki mesele, aşağı inme şekli. Bu konuda seninle binanın çevresinde yürürken tatmin olmuştum. Söz konusu pencerenin bir buçuk metre kadar altında bir paratoner var. Bu paratonerden pencereye ulaşmak, hele içeri girmek olanaksız. Ancak dördüncü katın panjurlarının Parisli marangozların *ferrade* dedikleri türden olduğunu fark etmiştim –günümüzde pek kullanılmayan, ama Lyons ve Bordeaux'daki çok eski konaklarda sıkça görülen bir türdür bu. Şekil itibarıyla sıradan bir kapıyı (çift değil tek kanatlı) andırır, ama üst yarısı kafeslidir ya da bitki kafesiyle çevrilidir. Bu ellerin tutunması için mükemmeldir. Bu evin panjurları tam bir metre genişliğinde. Evin arkasındayken bunları gördüğümüzde ikisi de yarıya kadar açıktı –yani duvara dik açı yapıyorlardı. Polis de benim gibi binanın arka tarafını incelemiş olabilir, ama incelediyseler bile bu *ferradelere* bakarken (ki bunu da yapmış olmalılar) bu genişliğin büyüklüğünü fark etmediler ya da dikkate almadılar. Aslında bu taraftan çıkılamayacağına emin olduktan sonra buraya tabii ki çok üstünkörü bakmışlardır. Ancak ben karyolanın ardındaki pencereye ait panjurun iyice açılırsa paratonerin yarım metre kadar yakınına geleceğini gördüm. Son derece sıradışı bir çeviklikle paratonerden pencereye bu şekilde çıkılmış olabileceği de açıktı. Yukarıdaki yetmiş beş santimlik mesafeye uzanan (şimdi panjurun tamamen açık olduğunu farz ediyoruz) bir hırsız bitki kafesine sıkıca tutunabilirdi. Sonra paratonerden ayrılıp ayaklarını duvara dayayarak ve oradan cesurca sıçrayarak panjuru kapatırcasına döndürebilir ve pencere açıksa oradan odanın içine atlayabilirdi.

"Böylesine tehlikeli ve zor bir işi başarmak için son derece çevik olmak gerektiğinden bahsettiğimi unutma. Amacım ilk olarak sana bunun mümkün olduğunu kanıtlamak. Ama ikinci ve *temel olarak* da, bunu başarabilecek kişinin çevikliğinin ne kadar *sıradışı*, neredeyse doğaüstü olduğunu anlamanı istiyorum.

"Hiç şüphesiz kanunların dilini kullanarak bana 'iddiamı kanıtlamak' için böyle bir eylemin gerektirdiği çabayı olduğu şekliyle vurgulamaktan çok, onu daha kolaymış gibi göstermem gerektiğini söyleyeceksin. Bu kanunlar söz konusu olduğunda geçerli olabilir, ama mantığın yolu değildir. Benim tek hedefim gerçek. Şu anki amacımsa senin şimdi bahsettiğim o *son derece sıradışı eylemle* o *çok tuhaf*, tiz (ya da kalın) ve *düzensiz* aralıklı, hangi dilden olduğu konusunda kimsenin hemfikir olamadığı ve tek hecesi bile anlaşılamayan o sesi yan yana getirmen."

Bu sözler üzerine Dupin'in ne demek istediğini anlar gibi oldum. Kavramak üzereydim, ama kavrama gücünden yoksundum –tıpkı bazen insanın dilinin ucunda olan bir şeyi hatırlayamaması gibi. Arkadaşım konuşmaya devam etti.

"Meseleyi," dedi, "dışarı çıkıştan içeri girişe kaydırdığımı fark etmişsindir. Amacım her ikisinin de aynı şekilde ve aynı yerden yapıldığını göstermekti. Şimdi odanın içine dönüp burayı inceleyelim. Çekmecelerin soyulduğu, ama içlerinde hâlâ pek çok şeyin bulunduğu söyleniyor. Burada varılan sonuç saçma. Sadece bir tahmin –çok aptalca bir tahmin– o kadar. Çekmecelerde içindekilerden daha fazlasının bulunmuş olduğunu nereden biliyoruz? Madam L'Espanaye ile kızı son derece münzevi bir hayat yaşıyorlardı. Kimseyle görüşmüyor, pek dışarı çıkmıyorlardı –fazla giysi değiştirmeye ihtiyaçları yoktu. Burada bulunanlar bu kadınların muhtemelen sahip olacakları en iyi giysileriydi. Eğer bir hırsız giysilerini almışsa, niye en iyi kalitede olanları almadı –niye hepsini almadı? Kısacası, niye dört bin franklık altını bırakıp ketenlerle ilgilendi? Altın bırakıldı. Banker Mösyö Mignaud'nun bahsettiği meblağın neredeyse tamamı yerdeki torbalarda bulundu. Bu yüzden evin kapısında teslim edilen paranın cinayet için bir *güdü* oluşturduğu yönünde polisin beyninde oluşturmuş olduğu o yanıltıcı güdü fikrini aklından sil. Bundan (paranın teslim edilişinden üç gün sonra teslim alan kişinin öldürülmesinden) on kat daha etkileyici rastlanılar yaşamlarımızın her saatinde başımıza gelir ve onlara bir an bile dikkat etmeyiz. Rastlantılar, genelde olasılık teorisi hakkında hiçbir şey bilmeyecek şekilde eğitilmiş düşünürler sınıfı için büyük engellerdir. Oysa insanlar araştırmalarının en önemli sonuçlarını bu teoriye borçludur. Elimizdeki vakada, altın ortadan kaybolmuş olsaydı, üç gün önce teslim edilmiş olması rastlantıyı aşan bir şey olur ve güdü fikrini desteklerdi. Ama vakanın gerçek koşullarına baktığımızda, bütün bu olanlardaki güdünün altın olduğunu farz edersek, suçlunun tereddüde kapılıp hem altından, hem de güdüsünden vazgeçecek kadar aptal olduğunu kabul etmemiz gerekiyor.

"Şimdi dikkatini çektiğim noktaları aklında tutarak –o tuhaf sesi, o sıradışı çevikliği ve böylesine gaddarca bir cinayetteki şaşırtıcı güdü eksikliğini– katliamı inceleyelim. Bir kadın el gücüyle boğulmuş ve baş aşağı bacanın içine tıkılmış. Sıradan katiller bu şekilde cinayet işlemezler. Hele öldürdükleri kişinin cesedinden bu yöntemle kurtulmayı hiç denemezler. Cesedin aşağıdan bacaya tıkılmasının gerçekten *aşırı tuhaf* olduğunu kabul edersin –insan davranışlarına ilişkin genel kanılarımıza tamamen ters düşen bir şey bu, bunu yapanların en ahlaksız kişiler olduklarını düşünsek bile. Ayrıca pek çok kişinin güçlerini birleştirince bile *indirmekte* zorlandığı bir cesedi *yukarı* tıkıştırmak için ne kadar büyük bir güç harcanması gerektiğini düşün!

"Şimdi dikkatini müthiş bir gücün diğer kanıtlarına yönelt. Şöminenin üstünde kalın bukleler vardı –kırlaşmış insan saçı. Bunlar köklerinden sökülüp koparılmıştı. Bir kafadan yirmi otuz teli bile bu şekilde koparmanın ne kadar büyük bir güç gerektirdiğinin farkındasındır. O bukleleri benim gibi sen de gördün. Köklerinde (ne iğrenç bir görüntüydü!) kafa derisi parçaları vardı. Bir çekişte belki yarım milyon saç telini birden koparmış acı kuvvetin kesin kanıtıdır bu. Yaşlı kadının sadece boğazı kesilmemiş, kafası gövdesinden tamamen ayrılmıştı: Kullanılan aletse sadece bir usturaydı. Bu yapılanların *hayvansı* vahşiliğine de bakmanı istiyorum. Madam L'Espanaye'nin gövdesindeki çürüklerden bahsetmiyorum. Mösyö Dumas ile değerli yardımcısı Mösyö Etienne bunların ağır bir aletle yapıldığını söylerken çok haklıydı. O ağır aletin avluda bulunan döşeme taşı olduğu açık. Kurbanın yatağının arkasındaki pencereden buraya atılmıştı. Bu fikir şimdi çok basit gibi görünse de polisin gözünden kaçtı –panjurların genişliğinin gözlerinden kaçmış olmasıyla aynı sebepten dolayı. Çünkü pencerelerin açılmış olabileceği fikrini çiviler yüzünden tamamen reddetmişlerdi.

"Şimdi, bütün bunlara odadaki müthiş karmaşayı ekle. Şimdiye kadar şaşırtıcı bir çevikliği, insanüstü bir gücü, gaddarca bir vahşiliği, güdüsüz bir katliamı, insanlıkla uzaktan yakından ilişkisi olmayan *tuhaf* bir korkunçluğu ve farklı uluslardan pek çok kişinin kulağına yabancı gelen, belirgin ya da anlaşılır hecelerden yoksun bir sesi birleştirdik. Elimizde ne var peki? Hayal gücünde nasıl bir etki uyandırdım?"

Dupin bu soruyu sorarken tüylerimin diken diken olduğunu hissettim. "Bir deli," dedim, "bu işi yapan bir deli. Civardaki bir *Maison de Santé*'den[9] kaçmış tehlikeli bir akıl hastası."

"Bazı açılardan," dedi, "fikrin konuyla alakasız değil. Ama delilerin sesleri, en şiddetli kriz anlarında bile merdivenlerden duyulan o sesleri andırmaz. Herhangi bir ülkeden, bu ülkenin dilini konuşan bir delinin sözlerinde, lafları ne kadar tutarsız olursa olsun, mutlaka heceleme tutarlılığı vardır. Ayrıca bir delinin saçı da şimdi elimde tuttuğuma benzemez. Bu küçük tutamı Madam L'Espanaye'nin sıkıca kapalı parmaklarının arasından aldım. Bana bundan ne çıkarabildiğini söyle."

"Dupin!" dedim. Artık soğukkanlılığımı tamamen yitirmiştim. "Bu saç son derece tuhaf –bu insan saçı değil."

9) Tımarhane.

"Zaten insan saçı olduğunu iddia etmedim," dedi. "Ama bu konuda hemfikir olmadan önce şu kâğıdın üstüne çizdiğim şu küçük, kabataslak resme bir bakmanı istiyorum. Bu resim ifadelerin bir kısmında 'siyah çürükler ve derin tırnak izleri', bir başkasında da (Mösyö Dumas ve Mösyö Etienne tarafından) 'çenedeki derin tırmıklar ve mor lekeler' olarak tanımlanan şeylerin bir kopyası.

"Gördüğün gibi," diye devam etti arkadaşım, kâğıdı önümüzdeki masaya sererek, "bu çizim sağlam ve sabit bir kavrayışın izlenimini veriyor. Bir *kayma* olmadığı anlaşılıyor. Her parmak ilk başta gömüldüğü yerde kalmış –muhtemelen kurban ölene dek. Şimdi parmaklarını çizimde gördüğün şekilde aynı anda açmayı dene."

Bunu yapmaya çabaladım ama, boşunaydı.

"Bunu doğru şekilde yapmıyoruz," dedi. "Kâğıt düz bir yüzeyde duruyor. Ama insan boğazı silindir şeklindedir. İşte bir odun parçası. Çapı aşağı yukarı boğazınki kadar. Çizimi ona sar ve tekrar dene."

Söylediğini yaptım, ama bu işin güçlüğü daha da barizleşti.

"Bu," dedim, "kesinlikle bir insan elinin izi değil."

"Şimdi," diye karşılık verdi Dupin, "Cuvier'den şu paragrafı oku."

Söz ettiği paragraf Doğu Hint Adaları'nda yaşayan iri, sarımsı kahverengi orangutanın ayrıntılı bir anatomik ve genel tarifiydi. Bu memelilerin devasa cüssesini, muazzam kuvvetini ve çevikliğini, vahşi saldırganlığını ve taklitçilik eğilimini herkes bilir. O cinayetin korkunçluğunu bir anda tüm boyutlarıyla kavradım.

"Parmakların tarifi," dedim okumayı bitirince, "bu çizimdekilere tamamen uyuyor. Kopya ettiğin izleri sadece burada bahsedilen türden bir orangutanın bırakabileceğini görüyorum. Bu sarımsı kahverengi saç tutamı da Cuvier'in bahsettiği hayvanınkinin tanımına uyuyor. Ama bu korkunç gizemin ayrıntılarını kavrayamıyorum. Tartışan *iki* kişinin sesi duyulmuştu ve bunlardan biri kesinlikle bir Fransızdı."

"Doğru; ve neredeyse herkesin bu sesin *'mon Dieu!'* dediğinde hemfikir olduğunu anımsa. Bu o koşullar altında tanıklardan biri tarafından (Montani, şekerci) azarlayıcı olarak doğru şekilde tanımlandı. Bu yüzden bu gizemi çözme konusundaki tüm umutlarımı bu iki sözcükte temellendirdim. Bir Fransız cinayetin farkındaydı. O kanlı eylemlere kesinlikle iştirak etmemiş olması muhtemel –hattâ çok büyük bir olasılık–. Orangutan elinden kaçmış olabilir. Onu odaya dek takip etmiş olabilir. Ama o sarsıcı koşullar altında onu asla tekrar yakalayamazdı. Hayvan hâlâ ortalıkta geziniyor. Bu tahminler üstünde fazla durmayacağım –onları tahminden daha öte bir nitelendirmeye tabi tutmaya hakkım yok– çünkü hem üstünde temellendikleri düşünceler kendi aklım tarafından takdir edilebilecek kadar derin değil, hem de onları bir başkası için anlaşılır kılabilirmiş gibi yapamam. O halde bunlara tahmin diyeceğiz ve onlardan bu şekilde bahsedeceğiz. Eğer söz konusu Fransız gerçekten varsaydığım gibi bu katliam konusunda masumsa, dün gece eve dönerken 'Le Monde'un (gemicilerin ilgi alanlarına adanmış ve onlar tarafından epey okunan bir gazete) yazıhanesine bıraktığım bu mesaj onu evimize getirecektir."

Bana bir kâğıt parçası uzattı. Üstünde yazılanları okudum:

YAKALANDI – *Bois de Boulogne'da, ------ sabahının (cinayetin işlendiği sabahın) erken saatlerinde, oldukça iri, sarımsı kahverengi bir Bornese orangutanı yakalanmıştır. Sahibi (bir Malta gemisinin mürettebatından olduğu anlaşılmıştır) hayvanı bizleri tatmin edecek şekilde tarif ettikten ve yakalanıp bakılmasının maddi bedelini ödedikten sonra geri alabilir. Adres: No. --------, --------- Sokağı, Faubourg St. Germain - au troisième.*

"Adamın denizci olduğunu ve bir Malta gemisinde çalıştığını nereden bildin?" diye sordum.

"Bildiğim filan yok," dedi Dupin. "Emin değilim. Ama elimde küçük bir kurdele parçası var. Şekline ve yağlı görünüşüne bakarak bunun denizcilerin çok hoşlandığı o uzun saç kuyruklarından birini bağlamakta kullanıldığını söyleyebilirim. Hem böyle bir düğümü Maltalı denizciler dışında pek az kişi atabilir. Kurdeleyi paratonerin dibinde buldum. Ölenlerden hiçbirine ait olamazdı. Eğer Fransız'ın Malta gemilerinden birinde çalışan bir denizci olduğu konusundaki varsayımımda yanılmış olsam bile o ilanı vermemin bir zararı olmadığını söyleyebilirim. Eğer yanılmışsam, bu yanılgının sebebinin araştırmaya değmeyecek bir durum olduğunu düşünecek. Ama haklıysam, kazanç büyük olacak. Cinayete karışmasa da bu cinayetten haberdar olan Fransız ilana yanıt vermekte, orangutanı geri almakta doğal olarak tereddüt edecek. Şöyle bir mantık yürütecek: 'Ben suçsuzum; fakirim; orangutanım çok değerli –benim durumumdaki biri için bir servet değerinde– niye onu boş korkular yüzünden kaybedeyim ki? İşte orada; uzanıp onu alabilirim. Bois de Boulogne'da bulunmuş –o katliamın olduğu yerden çok uzakta. Bu işi bir hayvanın yaptığı kimin aklına gelir? Polis şaşkına dönmüş durumda –ellerinde tek ipucu yok. Hayvanı bulsalar bile cinayetin farkında olduğumu bilmeleri ya da bu farkındalık yüzünden beni tutuklamaları imkânsız. Hem her şeyden öte, benim kim olduğumu *biliyorlar;* ilanda hayvanın sahibi olduğum söyleniyor. İlanı veren kişi hakkımda ne kadar şey biliyor bilmiyorum. Sahibinin ben olduğum bilinen böylesine değerli bir malı geri almazsam en azından şüpheleri hayvanın üstüne çekerim. Ne kendimin, ne de hayvanın üstüne dikkat çekmek isterim. İlana yanıt verecek, orangutanı alacak ve bu mesele kapanana dek onu saklayacağım.'"

Tam bu anda merdivenden gelen bir ayak sesi işittik.

"Tabancalarını hazırla," dedi Dupin. "Ama ben işaret vermeden onları kullanma ya da gösterme."

Evin ön kapısı açık bırakılmıştı. Ziyaretçi zili çalmadan merdiven basamaklarının çoğunu çıktı, ama şimdi duraksıyor gibiydi. Sonra aşağı indiğini işittik. Dupin tam kapıya atılıyordu ki, tekrar yukarı çıkmaya başladığını duyduk. Bu kez geri dönmedi. Kararlılıkla merdiveni çıkıp odamızın kapısına vurdu.

"Girin," dedi Dupin, neşeli ve samimi bir sesle.

Bir adam girdi. Denizci olduğu belliydi. Uzun boylu, iriyarı, kaslı bir adamdı. Yüzünde hoş bir gözüpeklik ifadesi vardı. Favorileri ve bıyığı güneşte epey yanmış olan suratının yarısından fazlasını örtüyordu. Yanında büyük bir meşe sopa vardı, ama bunun dışında silahsız görünüyordu. Beceriksizce eğilip selam verdi ve bize düzgün bir Fransız aksanıyla "İyi akşamlar," dedi. Bu biraz Neufchatel şivesi olsa da yine de yeterince Paris kökenliydi.

"Otur dostum," dedi Dupin. "Sanırım orangutan için geldin. Yemin ederim ona sahip olduğun için seni kıskanıyorum. Son derece güzel ve şüphesiz çok pahalı bir hayvan. Sence kaç yaşındadır?"

Denizci dayanılmaz bir yükten kurtulmuş bir adamın havasıyla derin bir soluk aldı ve sonra kendinden emin bir sesle yanıtladı:

"Bilmem –ama dört beş yaşından fazla olamaz. O burada mı?"

"Yo hayır. Onu burada tutacak yerimiz yoktu. Yakında, Dubourg Sokağı'nda bir kiralık ahırda. Onu sabahleyin alabilirsin. Tabii onu tarif etmeye hazırsın?"

"Tabii ki hazırım efendim."

"Ondan ayrıldığıma üzüleceğim," dedi Dupin.

"Bütün bu zahmete boşuna girmiş olmayacaksınız tabii efendim," dedi adam. "Bunu bekleyemem. Hayvanı bulduğunuz için bir ödül vermeye hazırım –makul ölçülerde tabii."

"Tamam," dedi arkadaşım, "bu kesinlikle çok güzel. Bir düşüneyim! Ne istesem? Oh! Sana söyleyeyim. Ödülüm şu olacak. Bana Morgue Sokağı'ndaki cinayetler hakkında bildiğin her şeyi anlatacaksın."

Dupin son sözleri son derece alçak bir sesle ve usulca söyledi. Sessizce kapıya gitti, onu kilitledi ve anahtarı cebine koydu. Sonra göğsünden bir tabanca çıkardı ve hiç acele etmeden masanın üstüne bıraktı.

Denizcinin yüzü boğuluyormuşçasına kıpkırmızı kesilmişti. Ayağa kalktı ve sopasını kavradı. Ama bir an sonra tekrar sandalyesine çöktü. Zangır zangır titriyordu. Yüzü sanki ölümün ta kendisiydi. Tek kelime etmedi. Ona karşı derin bir acıma hissettim.

"Dostum," dedi Dupin candan bir sesle, "gereksiz yere telaşlanıyorsun –gerçekten. Sana kesinlikle zarar vermek istemiyoruz. Sana zarar vermek istemediğimize bir beyefendi ve bir Fransız olarak yemin ederim. Morgue Sokağı'ndaki katliamda suçunun olmadığını çok iyi biliyorum. Ama o olaya bir şekilde karıştığını inkâr edersen olmaz. Şimdiye kadar söylediklerimden bu konu hakkında epey bilgili olduğumu anlamışsındır –hayal bile edemeyeceğin kadar bilgiliyim. Şimdi, durum şöyle. Sen, istesen kaçınabileceğin, suçlanmayı hak edeceğin bir şey yapmadın. Hırsızlık bile yapmadın, oysa istesen cezalandırılmayacağından emin olarak bunu yapabilirdin. Gizleyecek hiçbir şeyin yok. Saklanman için sebep yok. Öte yandan, şerefli bir adam olarak bildiğin her şeyi anlatmalısın. Şu anda masum bir adam tutuklanmış durumda ve işlediği iddia edilen suçun failini sen gösterebilirsin."

Dupin bunları söylerken denizci kendini epey toplamıştı. Ama ilk baştaki cüretkâr görünüşünden eser kalmamıştı.

"Tanrı yardımcım olsun," dedi kısa bir duraksamadan sonra, "size her şeyi anlatacağım. Ama söyleyeceklerimin yarısına bile inanmanızı beklemiyorum. Bunu beklemem aptallık olur. Yine de ben *masumum* ve ölmem gerekse bile kendimi temize çıkaracağım."

Söyledikleri özetle şunlardı. Yakın zamanda Hint Takımadaları'na yapılan bir sefere katılmıştı. Bir grupla beraber Borneo'da karaya inmiş ve burada dolaşmaya çıkmıştı. Orangutanı bir arkadaşıyla birlikte yakalamıştı. Bu arkadaşı ölünce orangutan tamamen kendisine kalmıştı. Hayvanın dizginlenemez vahşiliği yüzünden geri dönüş yolculuğunda epey sorun yaşadıktan sonra en sonunda Paris'teki evine getirmeyi başarmıştı onu. Burada komşularla sorun yaşamamak için onu herkesten dikkatle gizlemişti. Gemideki bir tahta kıymığın hayvanın ayağında açtığı bir yara iyileşene dek de gizlemeye devam edecekti. Nihai hedefi onu satmaktı.

Bir gece, daha doğrusu cinayetlerin işlendiği sabah bir denizci eğlencesinden dönünce hayvanı kendi yatak odasında bulmuştu. Hayvan, kilitli olduğu dolabın –onu burada güvenle sakladığını sanıyordu kapağını kırmış, eline bir ustura geçirip kendini köpüğe bulamış ve aynanın karşısına geçmişti; tıraş olmaya çalışıyordu. Dolabın anahtar deliğinden efendisini izlemiş olmalıydı. Adam böylesine vahşi bir hayvanın elinde böylesine tehlikeli bir silahın olduğunu görünce dehşete kapılmış, birkaç saniye ne yapacağını bilememişti. Ama hayvanı en zaptedilmez anlarında bile dizginlemekte kullandığı bir kırbaç vardı ve buna başvurmuştu. Hayvan kırbacı görünce hemen odanın kapısından fırlayıp çıkmış, merdiveni inmiş ve ne yazık ki açık olan bir pencereden sokağa fırlamıştı.

Fransız çaresiz peşinden gitmişti. Usturayı hâlâ elinden bırakmamış olan goril arada sırada durup takipçisine el kol hareketleri yapıyor, sahibi iyice yaklaşana kadar bekliyordu. Sonra tekrar kaçıyordu. Takip bu şekilde uzun süre devam etmişti. Vakit sabahın üçü olduğundan sokaklara derin bir sessizlik hâkimdi. Morgue Sokağı'nın arkasındaki dar bir sokaktan geçerlerken kaçağın dikkatini Madam L'Espanaye'nin evinin dördüncü katındaki odasından gelen bir ışık çekmişti. Binaya doğru koşarken paratoneri görmüş, buna inanılmaz bir çeviklikle tırmanmış, o sırada tamamen açık olan panjura tutunmuş ve bu sayede sallanarak kendini içerdeki karyolaya fırlatmıştı. Bütün bunları yapması bir dakika bile sürmemişti. Orangutan içeri girerken kepenge vurarak tekrar açmıştı.

Bu arada denizci hem sevinmiş, hem şaşırmıştı. Şimdi hayvanı tekrar yakalama umudu biraz canlanmıştı, çünkü kendi kendine düştüğü tuzaktan kurtulması zordu. Oradan sadece paratoner yoluyla çıkabilirdi, ki bu durumda aşağı inerken yakalanabilirdi. Öte yandan evin içinde yapabilecekleri de oldukça endişe vericiydi. Bu son düşünce adamı kaçağın peşinden gitmeye itti. Bir paratonere tırmanmak zor değildir, özellikle de bir denizci için. Ama pencerenin hizasına çıktığında, ki epey solunda kalıyordu, durdu. Yapabileceği en fazla uzanıp odanın içine bakmaktı. Bunu yaparken dehşetten az kalsın paratoneri bırakıyordu. Şimdi Morgue Sokağı sakinlerini sıçratarak uyandıran o çığlıklar başlamıştı. Geceliğini giymiş olan Madam L'Espanaye ile kızı o sırada daha önce bahsedilen demir kasadaki bir takım kâğıtlarla meşgul olmalıydılar. Kasa odanın ortasında duruyordu; açıktı ve içindekiler yere saçılmıştı. Kurbanlar sırtları pencereye dönük oturuyor olmalıydı; hayvanın içeri girişiyle çığlıkların başlaması arasında geçen süre onu hemen fark etmemiş olabileceklerini gösteriyor. Panjurun sesini rüzgârın işi sanmış olmalıydılar.

Denizci içeri bakarken dev hayvan Madam L'Espanaye'yi saçlarından (saçları açıktı, çünkü o sırada taranıyordu) kavramış, usturayı kadının yüzünde, bir berberin hareketlerini taklit ederek gezdiriyordu. Kızı yüzükoyun ve hareketsiz yatıyordu. Bayılmıştı. Yaşlı kadının çığlıkları ve çırpınmaları (saçı bu esnada yolunmuştu) orangutanın muhtemelen barışçıl olan niyetlerini değiştirmiş, onu öfkelendirmişti. O güçlü kolunun tek bir kararlı hareketiyle kadının başını neredeyse gövdesinden ayırmıştı. Kan görünce iyice deliye dönmüş;

dişlerini gıcırdatarak, gözlerinden alevler saçarak kızın üstüne atlamış, korkunç pençelerini boğazına gömmüş ve can verene dek sıkmayı sürdürmüştü. O sırada vahşi gözlerle etrafa bakınırken karyola başlığının üstündeki efendisinin dehşetten kaskatı kesilmiş yüzünü görmüştü. Şüphesiz hâlâ kendisini korkutan o kırbacı düşünmekte olan hayvan birden dehşete kapılmıştı. Cezalandırılmayı hak ettiğinin bilincinde olduğundan, kanlı eylemlerinin kanıtlarını gizlemeye çalışır gibi görünüyordu. Odada sinirli bir huzursuzluğun ızdırabıyla hoplayıp sıçramış, eşyaları devirip kırmış ve şilteyi karyolanın üstünden çekip almıştı. Sonunda önce kızın cesedini alıp bacaya, daha sonra bulunacağı şekilde tıkmıştı. Sonra yaşlı kadını çabucak pencereden, baş aşağı fırlatmıştı.

Goril, parçalanmış yüküyle panjura yaklaşırken, denizci dehşetle geri çekilip paratonerden aşağı kayarak inmiş ve evine koşmuştu. Katliamın sonuçlarından korktuğundan orangutanın kaderine ilişkin tüm kaygılarını bir kenara bırakmıştı. Merdivendeki grubun işittiği sözcükler hayvanın hızlı hızlı çıkardığı homurtulara karışan dehşet ve korku nidalarıydı.

Benim ekleyeceğim pek bir şey yok. Orangutan odadan paratoner yoluyla, tam kapı kırılırken kaçmış olmalı. Pencereyi, oradan geçerken kapamış olsa gerek. Hayvan daha sonra sahibi tarafından yakalandı. Adam bunun için *Jardin de Plantes*'tan büyük bir ödül aldı. Polis Komiseri'nin bürosunda durumu anlattıktan sonra Le Bon hemen salıverildi. Komiser her ne kadar arkadaşım Dupin'e karşı iyi niyet beslese de işlerin bu şekilde gelişmesinin canını sıktığını gizleyemiyordu ve herkesin kendi işine bakması yolunda bir iki iğneleyici laf etti.

"Bırak konuşsunlar," dedi, karşılık vermeye bile gerek duymayan Dupin. "Bırak adam nutuklar çeksin. Vicdanını rahatlatır. Ben onu kendi kalesinde yenmiş olmakla yetineceğim. Yine de bu gizemi çözememiş olmasının sebebi kesinlikle sandığı şey değil. Çünkü aslına bakarsan dostumuz Komiser bazen derin olamayacak kadar kurnaz oluyor. Bilgeliğinin *stameni* yok. Sadece kafası var, ama gövdesi yok, tıpkı Tanrıça Laverna'nın resimlerindeki gibi –veya en iyi ihtimalle sadece kafası ve omuzları var, bir morina balığı gibi. Ama sonuçta iyi bir yaratık. Onu özellikle ustalıklı ikiyüzlülüğünden dolayı seviyorum; bu sayede zeki biri olarak tanındı. Yani bahsettiğim şey *"de nier ce qui est, et d'expliquer ce qui ni n'est pas."*[10]

1841

10) "Var olanı reddetmek ve var olmayanı açıklamak."

Usher Evi'nin Çöküşü

Son coeur est un suspendu;
Sitôt qu'on le touche il résonne.[1]
DE BÉRANGER.

Kasvetli, karanlık, sessiz bir sonbahar gününü, iç karartıcı bir arazide at sırtında geçirmiştim. Gökteki bulutların alçaklığı boğucuydu. Sonunda, akşamın gölgeleri uzarken, karşımda hüzünlü görünüşlü Usher Evi belirdi. Nedendir bilmiyorum –ama binayı görür görmez ruhuma dayanılmaz bir keder çöktü. Dayanılmaz diyorum, çünkü bu his can sıkıcı ya da korkunç görüntülerin en amansızına bile genellikle eşlik eden, şiirsel olduğu için yarı-zevkli olan o duygu tarafından hafifletilmemişti. Önümde uzanan manzaraya – eve ve arazinin sade ayrıntılarına – çıplak duvarlara – gözleri andıran boş pencerelere – yer yer bitmiş bataklık otlarına – beyaz gövdeli, çürümüş birkaç ağaca bakarken ruhumda öyle bir

1) Yüreği askılı bir ut Dokunulduğu anda çınlayan.

sıkıntı vardı ki bunu sadece afyon kullananların düşlerinden uyandıktan sonra – gündelik yaşama acı bir şekilde döndüklerinde – maske korkunç bir şekilde indiğinde hissettikleriyle kıyaslayabilirim. İnsan burada yüreğinde öyle bir soğuk, öylesine bir çöküş, bir hastalık – düşüncelerinde öyle telafisiz bir kasvet hissediyordu ki, hiçbir hayal gücü buna yüce bir nitelik kazandıramazdı. Neydi –durup düşündüm– Usher Evi'ne bakarken beni böylesine huzursuz eden neydi? Çözülemez bir gizemdi bu. Düşünürken üstüme çöken belirsiz kuruntularla da boğuşamıyordum. Hiç de tatmin edici olmayan şu sonuca varmak zorunda kaldım: Bizi böyle etkileyebilecek basit ve doğal nesne kombinasyonları hiç şüphesiz var olsa da, derinliğimizin ötesinde olan bu gücü analiz edemeyiz. Sahnenin parçalarını, resmin ayrıntılarını farklı şekilde bir araya getirmenin belki de o kederli izlenimi değiştirmeye yeteceğini düşündüm. Bu fikirden hareket ederek atımı evin yanındaki gölün kıyısına; yüzeyi cam gibi dümdüz, ışıltılı ve simsiyah küçük dağ gölünün dik kıyısına sürdüm. Ama aşağıya, tuhaf biçimli o gri otlara, korkunç görünüşlü ağaçlara ve gözleri andıran o boş pencerelere bakarken içimde daha öncekinden de sarsıcı bir ürperti gezindi.

Yine de bu hüzünlü konakta birkaç hafta kalmaya karar verdim. Sahibi Roderick Usher çocukluk arkadaşımdı. Görüşmeyeli yıllar oluyordu. Uzaklarda, ülkenin ücra bir bölgesindeyken ondan bir mektup almıştım geçenlerde. Mektubun son derece acil havası kişisel bir yanıt vermemi zorunlu kılıyordu. Mektup öylesine ısrarcı bir ifadeyle yazılmıştı ki oraya gitmekten başka yol bırakmıyordu. Mektubu yazan arkadaşımın sinirlerinin bozulmuş olduğu belliydi. Ağır bir bedensel hastalıktan –büyük baskı yaratan bir zihinsel rahatsızlıktan– en iyi ve hattâ tek arkadaşı olan beni içtenlikle görme isteğinden bahsediyordu. Arkadaşlığımın onu biraz neşelendireceğini, bunun da hastalığına iyi geleceğini umuyordu. Bütün bunların ve çok daha fazlasının söyleniş tarzı –isteğinde gerçekten *samimi* olduğu belliydi– kararımı duraksamadan vermeme yol açmıştı. Böylece o oldukça tuhaf karşıladığım çağrıya uydum.

Çocukken yakın arkadaş olsak da arkadaşım hakkında pek bir şey bilmiyordum. Bildiğim kadarıyla son derece çekingen biriydi ve gayet köklü bir aileden geliyordu. Ailesinin tuhaf, duyarlı bir mizacı oldukça etkileyici sanat eserleriyle ifade ettiğini, son zamanlarda da cömert hayır işleri yaptığını işitmiştim. Bu mizaç ayrıca müzik ilmine tutkuyla bağlanmalarına yol açmıştı; genel bir kabul gören ve kolayca tanınabilecek güzelliklerinden çok, sanatın anlaşılmayan yönlerine ilgi duyuyorlardı. Usher soyunun köklü olsa da pek dallanıp budaklanmadığını öğrenmiştim. Yani aile hep tek bir koldan ilerliyordu ve geçmişte de pek uzun sürmeyen değişiklikleri saymazsak durum böyle olmuştu. Evin görünüşüyle sahiplerinin birbirine ne kadar kusursuzca uyduğu üstüne düşünür ve uzun asırlar boyunca birbirlerini ne kadar etkilemiş olabileceklerine kafa yorarken bu çarpıklık zihnimi meşgul etti.

Belki de aileyle evi aynı ilginç ve çift anlamlı isimde, "Usher"[2] de birleştiren şey bu çarpıklık ve bunun sonucunda sürekli babadan oğula geçen mirastı. Köylüler bu ismi hem aileyi, hem de aile konağını kastetmek üzere kullanıyordu.

Yaptığım o çocukça deneyin –küçük dağ gölünün kıyısından aşağı bakmamın– tek sonucunun ilk baştaki o nahoş izlenimi güçlendirmek olduğunu söylemiştim. Batıl inancımın –niye böyle adlandırmayacaktım ki?– giderek daha fazla bilincine varmakla onu yoğunlaştırdığım kesindi. Uzun süredir bildiğim gibi, kökeni dehşete dayanan tüm duyguların böyle paradoksal bir doğası vardır. Belki de gözlerimi sudaki yansımasından kaldırıp tekrar eve baktığımda zihnimde tuhaf bir hayalin belirmesinin tek sebebi buydu. Öyle gülünç bir hayaldi ki, ondan sadece içimi karartmış olan hislerin gücünün şiddetini göstermek için bahsediyorum. Hayal gücümü çalıştırarak bütün konağın ve beylik arazinin sadece onlara ve yakın çevrelerine özgü bir atmosfere sahip olduğuna gerçekten inanmaya başlamıştım. Bunun göğün atmosferiyle ilgisi yoktu; çürük ağaçlardan, gri duvardan ve sessiz gölden pis bir şekilde yayılıyordu bu atmosfer. Ölümcül ve mistik, donuk, ağır, belli belirsiz, kurşun rengi bir buğuydu.

Silkelenip bir düş *olması gereken* bu şeyi ruhumdan attıktan sonra binayı daha dikkatle incelemeye başladım. En göze çarpıcı özelliği müthiş eski oluşuydu. Asırlar rengini soldurmuştu. Bütün dış yüzeyi yosun kaplıydı; karmaşık ağlar ha-

2) Usher sözcüğünün, kilise ve tiyatroda yer gösteren kimse, teşrifatçı ve belletmen, yardımcı öğretmen anlamlarına gönderme yapılıyor.

linde dolanmış, dam saçaklarından sarkıyorlardı. Yine de bina aşırı bir şekilde köhne değildi. Hiçbir yeri yıkılmamıştı. Kısımları arasında hâlâ var olan kusursuz uyumla, teker teker ele alınınca ufalanmakta oldukları görülen taşları büyük bir tezat teşkil ediyordu. Bütün bunlar bana yıllarca unutulmuş bir yeraltı mezarında kalan ve havasızlıktan çürüyen eski ahşap tabutları anımsatıyordu. Ancak binanın dış cephesinde yoğun bir çürümenin izlerinin dışında bir dengesizlik görülmüyordu. Belki dikkatli bir gözlemci binanın ön yüzeyinde çatıdan aşağı zikzaklarla inip gölün karanlık sularında kaybolan ince bir yarığı fark edebilirdi.

Bunları fark ettikten sonra kısa bir geçit yolundan eve gittim. Beklemekte olan bir uşak atımı aldı ve holün kemerli, Gotik yolunda ilerledim. Sinsi adımlarla yürüyen bir oda hizmetçisi beni pek çok karanlık ve karmaşık koridordan geçirerek efendisinin çalışma odasına götürdü. Yolda gözüme çarpan pek çok şey her nasılsa daha önce bahsettiğim o belirsiz hisleri yoğunlaştırdı. Çevremdeki nesnelere –tavanlardaki oymalara, duvarlardaki iç karartıcı halılara, abanoz döşemelerin siyahlığına ve ben yürürken takırdayan o tuhaf zırhlara– çocukluğumdan alışkın olmama rağmen, bütün bunlar bir tanıdıklığı onaylamıyordu; aksine, bu sıradan görüntülerin içimde uyandırdığı hayallerin ne kadar yabancı olduklarını fark ederek şaşırıyordum. Merdivenlerden birinde aile doktoruyla karşılaştım. Yüzünde kurnazlık ve şaşkınlık karışımı bir ifade olduğunu düşündüm. Bana telaşla bir şeyler söyledikten sonra geçip gitti. Oda hizmetçisi bir kapıyı açtı ve beni efendisinin huzuruna çıkardı.

Kendimi içinde bulduğum oda oldukça geniş ve yüksek tavanlıydı. Pencereler öylesine ince uzun ve etkileyiciydiler, siyah meşe döşemeden öyle yüksekteydiler ki erişilemez görünüyorlardı. Parmaklıklı camlardan kızıl bir ışık giriyor ve odadaki belli başlı nesneleri ancak aydınlatıyor, odanın ya da kubbeli, oymalı tavanın uzak köşelerini karanlıkta bırakıyordu. Duvarlar koyu renk kumaşlarla kaplıydı. Sayıları epey fazla olan mobilyalar rahatlık verici olmaktan uzak, antika ve eskiydi. Ortalığa çok sayıda kitap ve müzik aleti saçılmıştı, ama bunlar da odayı canlandırmaya yetmiyordu. Kederli bir ortamda bulunduğumu hissettim. Her şeyin üstüne amansız, derin ve kaçınılmaz bir kasvet çökmüştü.

İçeri girince Usher üstünde boylu boyunca uzanmakta olduğu kanepeden kalktı ve beni son derece canlı bir sıcaklıkla karşıladı. İlk başta bu ilgiyi abartılı buldum; hayattan bezmiş bir adamın doğallıktan uzak çabası gibi geldi. Ancak yüzüne bakınca içtenliğinden kesinlikle emin oldum. Oturduk. Birkaç dakika hiç konuşmadı. Onu yarı acıyarak, yarı hayretle inceledim. Roderick Usher'den başka bu kadar kısa sürede böylesine korkunç bir değişim geçirmiş bir adam görülmemiştir herhalde! Önümdeki solgun benizli adamın çocukluk arkadaşım olduğunu kabul etmekte zorlanıyordum. Yüzü hep dikkat çekici olmuştu. Kadavra rengi bir ten; iri, sulu ve inanılmayacak kadar parlak gözler; ince ve çok soluk, ama son derece güzel dudaklar, Yahudilerinkini andıran, ama delikleri daha geniş, zarif bir burun; çıkık olmadığı için tinsel enerjiden yoksun hoş bir çene; örümcek ağlarından daha yumuşak ve ince saçlar; bütün bu yüz hatları, geniş şakaklarla da birleşince, ortaya kolay kolay unutulmayacak bir yüz çıkıyordu. Şimdi bu hatların belirgin özellikleri iyice göze batar hale gelmişti; ve bu hatlardan yayılan ifade öyle büyük bir değişim meydana getirmişti ki kiminle konuştuğumdan şüphe duyuyordum. Beni en çok teninin şimdiki solgunluğu ve gözlerinin mucizevi ışıltısı hayrete düşürmüştü, hattâ irkiltmişti. O ipeksi saçlar bakımsızca uzayıp karmakarışık olmuş, incecik teller yüzüne düşmekten çok üstünde salınmaktaydı. Ne kadar çaba göstersem de o tuhaf yüz ifadesini herhangi bir basit insanlık kavramıyla özdeşleştiremiyordum.

Arkadaşımın tavırlarındaki bir tutarsızlık, bir çelişki hemen dikkatimi çekti. Az sonra bunun kesintisiz bir kaygı, bir sinirsel huzursuzluk halinin üstesinden gelmek için verilen bir dizi zayıf ve boş çabanın ürünü olduğunu anladım. Böyle bir şeye hazırlıklıydım; sadece mektubundan değil, çocukken sahip olduğu bir takım karakter özelliklerinden, tuhaf fiziksel görüntüsünden ve ruh halinden çıkardığım sonuçlardan da. Bir canlanıyor, bir durgunlaşıyordu. Sesi titrek ve kararsızken (canlılığı tamamen kaybolmuş gibiyken) birden büyük bir heyecana kapılıyor ve kesik kesik konuşmaya başlıyordu –sarhoşların ya da afyon bağımlılarının o kederli, dengeli ve son derece kontrollü, gırtlaksı ses tonuyla.

Gelmemi niçin istediğinden, beni görmeyi ne denli samimiyetle arzuladığından ve kendisine getirmemi beklediği huzurdan işte bu konuşma biçimiyle bahsetti. Hastalığının doğasına kendince biraz değindi. Söylediğine göre ailesinden gelen kalıtımsal bir hastalıktı ve şifa bulmaktan ümidi kesmişti. Sonra hemen bunun basit bir sinirsel rahatsızlık olduğunu ve şüphesiz kısa sürede geçeceğini ekledi. Rahatsızlık kendisini bir dizi doğal olmayan duyumla belli ediyordu. Tarif ettiği bu duyumlardan bazıları ilgimi çekti ve beni epey şaşırttı. Bu şaşkınlıkta belki onun konuşma tarzının ve içinde bulunduğumuz ortamın da etkisi vardı. Tuhaf bir duyu yoğunluğundan muzdaripti. Sadece en tatsız yiyeceklere katlanabiliyordu. Sadece belli kumaşlardan yapılma giysiler giyebiliyordu. En hafif ışık bile gözlerini rahatsız ediyordu. Onu dehşete düşürmeyen sesler sadece yaylı çalgılardan çıkanlardı.

Onun anormal bir korkunun esiri haline gelmiş olduğunu gördüm. "Bu berbat durum beni öldürecek," dedi. "*Bu* yüzden öleceğim, başka sebepten değil. Olacaklardan korkuyorum; olacak olanlardan değil, sonuçlarından. Ruhuma bu dayanılmaz huzursuzluğu verebilecek en küçük olaydan bile korkuyorum. Nefret ettiğim şey tehlike değil, onun mutlak sonucu olan –dehşet. Bu sinir bozukluğuyla –bu acınası halde– o amansız hayaletle, KORKU'yla boğuşurken er geç hayatımı ya da aklımı kaybedeceğim."

Belirsiz ve kaçamaklı imalarından zihinsel durumunun bir başka tuhaf yönünü daha öğrendim. İçinde oturduğu ve yıllardır dışına çıkmadığı bu mekâna ve gücünden burada tekrarlayamayacağım kadar üstü kapalı bir şekilde bahsettiği bir etkiye ilişkin bir takım batıl inançları vardı. Bu etkiyi, aile konağının biçim ve yapısındaki bazı tuhaflıkların yarattığını, uzun süren acılar sonucunda bu etkiyi ruhunda hissettiğini söyledi. O gri duvarların ve kulelerin ve hepsinin içine baktıkları o karanlık gölün *fiziksel* varlığının, kendi varoluşunun *tinsel* yönünde yarattığı bir etkiydi bu.

Ancak biraz duraksayarak da olsa hissettiği bu hüznün daha doğal ve somut bir kaynağa dayandığını itiraf etti –dünyadaki son ve tek akrabası olan, çok sevdiği kız kardeşinin uzun süredir devam eden ağır hastalığına. Kız kardeşi ölmek üzereydi. "O ölünce," dedi asla unutamayacağım acı bir sesle, "geride kalan kişi (o umutsuz ve zayıf kişi) köklü Usher ailesinin son ferdi olacak." O konuşurken Lady Madeline (kız kardeşi) odanın uzak bir köşesinden içeri girdi ve sonra varlığımı fark etmeden dışarı çıktı. Ona korkuyla karışık büyük bir şaşkınlıkla baktım –ama bu hislerime bir açıklama getiremedim. Onun geri çekilişini izlerken üstüme bir sersemlik çöktü. En sonunda, kapı üstüne kapandığında bakışım içgüdüsel olarak ve hevesle erkek kardeşine çevrildi; ama o yüzünü elleriyle kapamıştı ve tek fark edebildiğim aralarından gözyaşları süzülen zayıf parmaklarının iyice solgunlaşmış olduğuydu.

Lady Madeline'in hastalığı uzun süredir doktorları şaşırtmaktaydı. Sıradışı belirtileri daimi bir ilgisizlik hali, fiziksel bir çöküş ve sık, ama kısa süreli olarak gelen kısmi katalepsilerdi. Şimdiye kadar hastalığının baskısına direnmiş, yatak istirahatini reddetmişti. Ama eve geldiğim günün akşamının bitiminde (erkek kardeşi bunu bana tarifsiz bir huzursuzlukla söyledi) kendisini mahveden şeyin tüketici gücüne boyun eğdi. Onu ilk görüşümün aynı zamanda son görüşüm olacağını, o kadını, en azından sağken, bir daha asla görmeyeceğimi öğrendim.

Sonraki birkaç gün boyunca ismini ne Usher, ne de ben ağzımıza aldık. Bu süre içinde arkadaşımın melankolisini hafifletmek için elimden geleni yapmaya çalıştım. Birlikte resim yapıp kitap okuduk; ya da gitarını çılgınca doğaçlamalarla konuşturmasını bir düşteymişçesine dinledim. Aramızdaki yakınlık arttıkça, onun ruhunun derinliklerine daha fazla indikçe, tek ve bitimsiz bir hüzün yayılımıyla tinsel ve fiziksel evrenin tüm nesnelerine karanlık saçan bir zihni neşelendirmeye çalışmanın boşunalığını giderek daha acı bir şekilde anladım.

Usher Evi'nin efendisiyle bu şekilde yalnız geçirdiğim saatleri hep anımsayacağım, ama onunla olduğum zamanlarda üstünde birlikte uğraştığımız ya da beni yönelttiği çalışmaların, uğraşların doğası hakkında bir fikir verebileceğimi sanmıyorum. Heyecanlı ve son derece huzursuzluk verici bir idealizm, kükürtsü ışıltısıyla her şeyi aydınlatıyordu. Uzun doğaçlama ağıtları sonsuza dek kulaklarımda çınlayacak; özellikle Von Weber'in Son Valsi'nin o vahşi havasının tuhaf ve yoğunlaştırılmış bir versiyonunu acı bir şekilde anımsıyorum. Karmaşık hayal gücünün üstünde yoğunlaştığı ve her dokunuşuyla daha derin belirsizliklere gömülen tabloları da bu şekilde bana giderek daha fazla haz veriyordu; nedenini bilmeden ürperiyordum. Yazılı sözcüklerle bu tabloların (şimdi gözümün önünde olsalar da) sadece küçük bir kısmını tasvir edebilirim. Basitlikleri ve çıplaklıkları dikkat çekmelerini sağlıyordu. Eğer bir ölümlü bir fikrin resmini yapmışsa, bu kişi Roderick Usher'di. Bu hipokondriğin tuvaline aktarmaya çalıştığı saf soyutlamalar en azından bende (içinde bulunduğum koşullar altında) dayanılmaz yoğunlukta bir huşu uyandırıyordu; Fuseli'nin kesinlikle parıltılı ama fazla somut hayallerinde asla bulamadığım bir huşu.

Arkadaşımın eserlerinden birini; çok tuhaf olmayan, onun soyutlama ruhundan fazla nasibini almamış birini yetersizce de olsa sözcüklerle tasvir edebilirim. Bu küçük tabloda duvarları kaygan, beyaz ve pek yüksek olmayan, çok uzun bir tünelin ya da tonoz örtülü bir koridorun içi vardı. Tasarımdaki çeşitli ikincil noktalar bu kazılmış yerin yeryüzünden epey derinlerde olduğu izlenimini son derece güçlü bir şekilde uyandırıyordu. Engin yüzeyinde herhangi bir delik yoktu ve herhangi bir meşale ya da yapay ışık kaynağı da görülmüyordu. Yine de içeride yoğun bir ışık seli vardı ve bütünü korkunç ve uygunsuz bir ihtişamla aydınlatıyordu.

Biraz önce işitme duyusunun bazı yaylı çalgılar dışındaki bütün müzik aletlerinin seslerini kendisi için katlanılmaz kılan o tuhaf halinden bahsetmiştim. Belki de gitar çalışına o büyüyü katan şey büyük ölçüde kendisini içinde kısılı kıldığı dar sınırlardı. Ama o ateşli doğaçlamalarındaki *ustalık* bununla açıklanamazdı. Vahşi fantezilerinin hem notalara, hem de sözlere (çalışına sık sık ritimli sözel doğaçlamalarla eşlik ettiği de oluyordu) dökülmüş hali, daha önce bahsederken sadece en yüksek yapay heyecan durumlarında sahip olunduğunu söylediğim o yoğun zihinsel berraklık ve konsantrasyonun sonucuydu. Bu rapsodilerden birinin sözlerini anımsamakta hiç zorlanmadım. Onu anımsamamı kolaylaştıran şey belki de söylediklerinin taşıdığı mistik anlamın etkisi altındayken ilk kez Usher'in yüce mantığının sarsıldığının tam anlamıyla bilincine varmış olmamdı. "Hayaletli Saray" adını taşıyan dizeler aşağı yukarı şöyleydi:

1

Hayırsever meleklerin oturduğu
En yeşil vadimizde
Bir zamanlar güzel ve görkemli
Bir saray vardı –Işıltılı bir saray.
Mutlak hükümdarı Düşünce'nin egemenliğinde
Orada dimdik yükselirdi!
Melekler daha önce hiç kanat çırpmamıştı
Bu kadar güzel bir binanın üstünde.

2

Sarı, parlak, altın rengi bayraklar
Çatısında, havada yüzüp uçuşurdu;

(Bunlar –bütün bunlar–
Çok uzun zaman önce olmuştu)
Ve o tatlı günde
Soluk, mor renkli surlarda esen
Her tatlı rüzgâr
Taşırdı kanatlı bir kokuyu.

3

O mutlu vadide gezinenler
İki ışıltılı pencerenin ardında
Ruhların iyi akortlu bir lavtanın yasasına
Uyduğunu görürdü müzikal hareketlerle,
Bir tacın etrafında, ki üstünde
(İmparator!)
Şanına yakışır bir ihtişamla
Diyarın hükümdarı otururdu.

4

İnci ve yakut kaplı
O hoş saray kapısı pırıl pırıl parlardı.
Arkasından akarak, akarak, akarak gelen
Ve sonsuzca parıldayan
Yankıların tatlı görevi
Sadece şarkı söylemekti,
Eşsiz güzellikte seslerle
Krallarının zekâsını ve bilgeliğini övmekti.

5

Ama keder cüppeleri giymiş, kötü şeyler
Bu hükümdarın sarayına saldırdı;
(Ah, yas tutalım, çünkü o yapayalnız
Ve bir daha asla göremeyecek şafağı!)
Ve hükümdarın yuvasının etrafında
Bir çiçek gibi açan ihtişam
Artık geçmişe gömülmüş
Pek anımsanmayan bir masal.

6

Ve şimdi o vadide gezinenler
Görüyor kırmızı ışıklı pencerelerin ardında
Devasa formların tuhaf bir şekilde
Hareket ettiğini, ahenksiz bir melodi eşliğinde.
Bu arada, akıntısı hızlı, korkunç bir nehir gibi
O solgun kapıdan içeri
İğrenç bir kalabalık sonsuzca akıyor
Ve kahkaha atıyor –ama artık gülmüyor.

Bu baladdaki imaların ikimizde bir düşünce zinciri uyandırdığını ve bu sayede Usher'in fikirlerinden birini öğrendiğimi anımsıyorum. Usher'in bu fikrinden bahsetmemin sebebi fikrin orijinal olmasından çok (çünkü başkalarının[3] da düşündüğü bir fikir) onu büyük bir kararlılıkla savunmuş ol-

3) Watson, Dr. Percival, Spallanzani ve özellikle de Landaff piskoposu – Bkz. "Kimya Denemeleri", 5. cilt – POE.

masıdır. Bu fikir genelde tüm bitkilerin duygularının olduğuydu. Ama hastalıklı hayal gücü bu fikri cüretkârca geliştirmiş ve belirli koşullarda cansız varlıkları da kapsar hale getirmişti. Bu fikre beslediği inancı *tüm boyutlarıyla* aktaracak kelime bulamıyorum. Ancak bu inanç (daha önce de ima ettiğim gibi) atalarının evinin gri taşlarıyla ilintiliydi. Evin taşlarının diziliş tarzı, bu taşları kaplayan yosunlar, etraftaki çürük ağaçlar ve hepsinden öte bu dizilişin uzun süredir bozulmamış olması ve gölün dingin sularında yansıması evin hissedebildiğini gösteriyordu ona göre. Kanıt –hissedebilirliğinin kanıtı– söylediğine göre (o bunu söylerken irkildim) suların ve duvarların üstündeki atmosfer yoğunluğuydu. Bunun sonuçlarının ailesinin kaderini yüzyıllardır şekillendirmekte olan ve *kendisini* şimdi gördüğüm hale getiren o sürekli ve korkunç etkide görülebildiğini ekledi. Böyle fikirlere yorum getirmek anlamsızdır ve ben de bunu yapmayacağım.

Kitaplarımız –yıllardır hastanın zihinsel yaşamının önemli bir parçasını teşkil etmiş olan kitaplar– tahmin edilebileceği gibi bu hayallerin niteliğine uygundu. Birlikte çeşitli eserleri okumaya dalıyorduk: Örneğin Gresset'nin Ververt et Charteuse'unu; Machiavelli'nin Belphegor'unu; Swendenborg'un Cennet ve Cehennem'ini; Holberg'in Nicholas Klimm'in Yeraltı Yolculuğu'nu; Jean D'İndaginé'le De la Chambre'in kitaplarını; Robert Flud'ın El Falı'nı; Tieck'in Mavi Uzaklığa Yolculuk'unu ve Campanella'nın Güneş Şehri'ni. Sevdiğimiz kitaplardan biri Dominikalı Eymeric de Gironne'nin *Directo-*

rium İnquisitorum'unun küçük bir sekizlik baskısıydı. Pomponius Mela'nın eski Afrika satirlerinden ve Aegipalılardan bahsettiği bölümler de Usher'in saatlerce oturup hülyalara dalmasına yol açıyordu. Ancak en büyük hazzı çeyrek boy formalı, gotik harfli, son derece nadide ve tuhaf bir kitap –unutulmuş bir kilisenin el kitabı– olan Mainz Kilisesinin Korosuna Göre Ölülerin Saati'nden alıyordu.

Bir akşam ansızın bana Lady Madeline'in öldüğünü söyledi. Cesedi iki hafta boyunca (gömülmeden önce) binanın ana duvarlarının içindeki çok sayıdaki tonozdan birinde saklama niyetinden bahsedince aklımdan Usher'in eserindeki o tuhaf ritüel ve bu hipokondriyak üstündeki muhtemel etkisi geçti. Ancak bu garip kararını dayandırdığı dünyevi sebep üstünde tartışma özgürlüğümün olmadığını hissettim. Roderick Usher bu karara (bana söylediğine göre) müteveffanın hastalığının sıradışılığı, doktorlarının sorduğu bir takım ısrarcı sorular ve aile mezarlığının uzak ve açık bir yerde bulunması yüzünden varmıştı. Eve geldiğim gün merdivende rastlamış olduğum o sinsi adamı anımsayınca sonuçta zararsız ve kesinlikle anormal olmayan bir arzuya karşı çıkmak istemediğimi inkâr etmeyeceğim.

Usher'in isteğiyle o geçici mezarın hazırlanmasında ona bizzat yardım ettim. Cesedi tabuta koyarken sadece ikimiz vardık. Onu içine yerleştirdiğimiz yeraltı mezarı (öyle uzun süredir açılmamıştı ki boğucu atmosferinde neredeyse sönen meşalelerimiz bize ortalığı incelemek için fazla fırsat tanımadı) küçük, nemli ve tamamen ışıksızdı. Kaldığım odanın tam altındaydı. Eski feodal zamanlarda bir iç kule olarak en kötü amaçlar için kullanıldığı belliydi. Daha sonra da bir barut ya da başka bir patlayıcı madde deposu olarak iş görmüştü, çünkü döşemesinin bir kısmı ve buraya açılan uzun bir üst kemerli geçidin tamamı özenle bakır kaplanmıştı. Kalın demir kapı da aynı şekilde korunmuştu. Hareket ederken ağırlığı yüzünden sıradışı keskinlikte gıcırtılar çıkarıyordu.

Keder verici yükümüzü bu dehşet uyandıran yerde bıraktıktan sonra tabutun henüz çivilenmemiş kapağını biraz kaldırıp içinde yatan kişinin yüzüne baktık. Şimdi ilk kez iki kardeş arasındaki çarpıcı benzerliği fark ediyordum. Usher belki de düşüncelerimi okuyarak kendisiyle müteveffanın ikiz olduklarını ve aralarında hep pek anlaşılmaz bir bağın bulunmuş olduğunu mırıldandı. Ancak ölüye uzun süre bakmadık, çünkü bunu yapmak içimizi merakla karışık bir korkuyla dolduruyordu. Onu genç yaşta mezara sokmuş olan hastalık tıpkı bütün kataleptik hastalıklar gibi göğsünde ve yüzünde hafif, alaycı bir kızartı; yüzünde ise ölülerde çok korkunç görünen, şüphe uyandırıcı bir gülümseme bırakmıştı. Kapağı kapayıp çiviledikten ve demir kapıyı kapadıktan sonra evin üst kısımlarındaki daha az iç karartıcı odalara güçlükle gittik.

Acı bir yasla dolu birkaç günden sonra arkadaşımın zihinsel hastalığının nitelikleri fark edilir şekilde değişti. Artık her zamanki gibi davranmıyordu. Olağan uğraşlarını ihmal ediyor ya da unutuyordu. Aceleci, düzensiz ve amaçsız adımlarla odadan odaya gidiyordu. Artık ses tonunda arada sırada beliren o boğukluk kaybolmuştu. Bunun yerini, sanki uç noktada bir korku duyuyormuşçasına bir titreklik almıştı. Bazen sürekli huzursuz olan zihninin bunaltıcı bir sırla boğuştuğunu ve bunu paylaşmak için cesaretini toplamaya çabaladığını düşündüğüm oluyordu. Yine bazen hiçbir şeye açıklama getiremeyip bütün bunları deliliğin açıklanamaz tuhaflıklarına yormak zorunda kalıyordum; çünkü onun saatlerce, sanki hayali bir sesi dinlercesine pür dikkat kesilmiş halde boşluğa baktığını görüyordum. Durumunun beni dehşete düşürmesi – bana bulaşması şaşırtıcı değildi. Onun inanılmaz, ama etkileyici batıl inançlarının vahşi etkilerinin yavaşça, ama belirgin bir şekilde beni de ele geçirdiğini hissediyordum.

Bu duyguları özellikle müteveffa Madeline'i yeraltı mezarına bıraktığımız günün yedinci ya da sekizinci gecesinde, geç saatte yattıktan sonra tüm şiddetiyle hissettim. Saatler geçip giderken bir türlü uyuyamıyordum. Beni ele geçirmiş olan huzursuzluktan mantığımla kurtulmayı denedim. Hissettiklerimin tamamının değilse bile büyük kısmının odadaki iç karartıcı mobilyaların, şiddetlenen bir kasırganın nefesiyle zorla harekete geçirilerek duvarların üstünde çılgınca sağa sola uçuşan ve yatağın süsleri etrafında huzursuzca hışırdayan siyah ve yıpranmış perdelerin sersemletici etkisinden kaynaklandığına inanmaya çabaladım. Ama çabalarım boşunaydı. Sonunda üstüme bastırılmaz bir titreme, yüreğime tamamen sebepsiz bir kaygı kâbusu çöktü. Güçlükle soluyarak ve çabalayarak bundan kurtulduktan sonra yatakta doğrulup odanın yoğun karanlığına büyük bir dikkatle bakarak kulak kabarttım. Bunu niye yaptım bilmiyorum; içgüdüsel bir hareketti. Fırtınanın dinginleştiği anlarda kaynağını bilmediğim, uzun aralarla gelen hafif ve belirsiz sesler işittim. Açıklamasız, ama katlanılmaz, yoğun bir dehşet duygusuyla çabucak giyindim (çünkü o gece uyuyamayacağıma karar vermiştim) ve odada hızla ileri geri yürüyerek içine düştüğüm o acınası durumdan kurtulmaya çalıştım.

Bu şekilde birkaç kez gidip gelmiştim ki yandaki bir merdivenden gelen hafif ayak sesleri dikkatimi çekti. Bunların Usher'e ait olduğunu fark ettim. Bir an sonra kapımı hafifçe çaldı ve elinde bir lambayla içeri girdi. Yüzü her zamanki gibi kadavra beyazıydı, ama gözlerinde ayrıca delice bir neşe vardı. Bir *isteriyi* bastırdığı tüm görünüşünden belliydi. Görünüşü beni afallattı – ama herhangi bir şey öylesine uzun süredir katlanmış olduğum o yalnızlıktan daha iyiydi ve varlığı beni rahatlatmıştı.

"Sen onu görmedin mi yani?" dedi birden, etrafına birkaç dakika sessizce baktıktan sonra. "Onu görmedin mi? Ama bekle! Göreceksin." Böyle dedikten ve lambasını dikkatle kararttıktan sonra koşarak pencerelerden birine gitti ve fırtınalı havada ardına kadar açtı.

İçeri dalan rüzgârın coşkun hiddeti neredeyse ayaklarımızı

yerden kesti. Gerçekten de fırtınalı, ama çok güzel bir geceydi. Dehşeti ve güzelliğiyle benzersizdi. Civarımızda bir kasırga olsa gerekti, çünkü rüzgâr sürekli ve şiddetle yön değiştiriyordu. Kulelere değecek kadar alçalmış olan bulutların yoğunluğu, birbirlerine doğru büyük bir hızla yaklaştıklarını, canlıymışçasına uçtuklarını görmemizi engellemiyordu. Bulutların yoğunluğu hareketlerini görmemizi engellemiyordu ama ayı ya da yıldızları görmüyorduk – şimşek de yoktu; buna rağmen, devasa, hareketli bulut kümelerinin alt yüzeyleri ve hemen etrafımızdaki tüm karasal nesneler konağın etrafını sarmış olan hafif parlak ve açıkça seçilebilen gazsı bir havayla aydınlanıyordu.

"Yapma bunu– buna bakmaman gerek!" dedim Usher'e titreyerek, onu nazikçe ama kararlılıkla pencerenin yanından bir sandalyeye götürürken. "Seni serseme çeviren bu görüntüler sıradan elektriksel fenomenlerden başka bir şey değil – veya belki de gölden kaynaklanan iğrenç gazlardır. Şu pencereyi kapatalım. Hava buz gibi ve sağlığına zararlı. İşte en sevdiğin romanlardan biri. Ben okuyayım, sen de dinle. Böylece bu korkunç geceyi birlikte atlatalım."

Elime aldığım eski cilt Sir Launcelot Canning'in Deli Trist'iydi. Ama Usher'in en sevdiği kitaplardan biri olduğunu söylerken hazin bir şaka yapmıştım. Çünkü kitabın kaba ve hayal gücünden nasibini almamış sıkıcı uzunluğunda arkadaşımın yüce ve ruhani idealizmine hitap edecek pek az şey vardı. Ancak elime ilk geçen, en yakındaki kitap buydu ve şimdi bu hipokondriyağı huzursuzlaştıran heyecanın belki okuyacağım aşırı saçmalıklarla (çünkü zihinsel hastalıklar tarihi benzer anormalliklerle doludur) biraz hafifletilebileceğini ummaktaydım. Okuduklarımı pür dikkat kesilerek ya da öyle görünerek dinlemesine bakacak olursam planımın kesinlikle başarıya ulaştığını söyleyebilirdim.

Romanın kahramanı Ethelred'in, o münzevinin evine barışçıl yollarla girmeyi boşuna denedikten sonra zorla girmeye karar verdiği o meşhur kısmındaydım. Burada anlatının şu cümlelerle devam ettiği anımsanacaktır:

"Ve yiğit biri olan Etherald içtiği şarabın da tesiriyle, bu dik kafalı ve kötü niyetli münzeviyle uzlaşmaya çalışmaktan artık vazgeçti ve omuzlarında yağmuru hissederek, fırtınanın şiddetlenmesinden de korkarak gürzünü havaya kaldırdı ve bunu hızlı vuruşlarla kapı tahtalarına indirip kapıda uzun eldivenli ellerini kullanabileceği bir delik açtı. Sonra ellerini buraya sokarak tahtaları öyle bir güçle çekip çatlattı ve kırdı, paramparça etti ki o kuru tahtaların çatırtıları ormanda yankılandı."

Bu cümleyi bitirince irkilip bir an sustum. Çünkü bana sanki (hemen sonra harekete geçmiş hayal gücümün beni yanıltmış olduğuna karar versem de) konağın çok uzak bir yerinden kulağıma Sir Launcelot'un ayrıntılı bir şekilde tasvir etmiş olduğu o çatlama ve parçalanma sesinin çok benzerinin (ama daha boğuk ve hafifti tabii) yankısını işitmişim gibi gelmişti. Dikkatimi çeken sadece bir tesadüftü şüphesiz; çünkü cam çerçeve takırtılarının ve hâlâ şiddetini sürdürmekte olan fırtınanın olağan gürültüsü arasında o ses tek başına kesinlikle ilgimi çekmez ya da beni rahatsız etmezdi. Okumayı sürdürdüm:

"Ama becerikli şampiyon Ethereld şimdi kapıdan girmişti ve o habis münzevinden eser göremeyince büyük bir hiddete ve şaşkınlığa kapıldı. Münzevinin yerinde alev dilli, gövdesi pul pul, müthiş bir ejderha durmaktaydı. Ejderha gümüş döşemeli, altın bir sarayın önünde nöbet tutuyordu. Duvardaki parlak pirinçten bir kalkanın üstünde şu söz yazılıydı–

Buraya giren kişi bir fatihtir;
Ejderhayı öldüren kalkanı elde edecektir.

Ve Etherald gürzünü kaldırıp ejderhanın kafasına indirdi. Ejderha düşüp son pis nefesini verirken öyle korkunç, sert ve tiz bir çığlık attı ki böylesi korkunç bir sesi hiç işitmemiş olan Etherald kulaklarını tıkadı."

Burada birden tekrar, bu kez büyük bir şaşkınlıkla durdum. Çünkü uzaklardan gelen (nereden geldiğini anlayamamıştım) hafif ama sert, uzun ve son derece garip bir çığlığı ya da sürtünme sesini açık seçik duymuştum – romancının tarif ettiği ve hayal gücümün kafamda oluşturduğu o tuhaf ejderha çığlığının aynısıydı.

Bu ikinci ve son derece sıradışı tesadüf sinirimi bozmuş olsa da, bin bir zıt duyguya (ki bunların içinde en baskın olanları hayret ve aşırı korkuydu) kapılsam da yine de arkadaşımın hassas sinirlerini etkileyecek bir laf etmekten kaçınacak kadar kendime hâkim oldum. Onun bu sesleri işitip işitmediğinden emin değildim; gerçi son birkaç dakikadır tuhaf hareketler yapmaktaydı. Karşımda otururken sandalyesini yavaşça oda kapısının karşısına çekmişti. Bu yüzden yüz hatlarının sadece bir kısmını görebiliyordum. Ama sanki hafifçe bir şeyler mırıldanıyormuşçasına dudaklarının titrediğini görmekteydim. Başı göğsüne düşmüştü –ama profilden gördüğüm gözünün ardına kadar açık olmasından uyumadığını anlıyordum. Gövdesinin hareketleri de bunu kanıtlıyordu –çünkü hafif, ama düzenli bir şekilde iki yana sallanmaktaydı. Bütün bunları bir çırpıda fark ettikten sonra Sir Launcelot'un anlatısını okumayı sürdürdüm:

"Ve şimdi, ejderhanın korkunç öfkesinden kurtulmuş olan şampiyon o pirinç kalkanı ve üstündeki büyüyü bozmayı düşünerek leşi yolundan çekti ve şatonun döşemesi gümüş kaplı bölümünde duvarda asılı duran kalkana doğru yiğitçe yürüdü. Kalkan gelmesini bekleyemedi ve ayaklarının dibine, gümüş döşemeye büyük, korkunç bir çınlama sesiyle düştü."

Bu heceler ağzımdan çıkar çıkmaz yankılı, metalik, boğuklaşmış bir çınlamayı açık seçik işittim – sanki tam o anda gerçekten de gümüş bir döşemeye ağır bir pirinç kalkan düşmüştü. Sinirlerim tamamen bozulmuş halde ayağa fırladım; ama Usher iki yana hafifçe sallanmayı sürdürdü. Üstünde oturduğu sandalyeye doğru koştum. Gözleri önüne bakar vaziyette sabitlenmiş öyle duruyordu; yüzü taş gibi hareketsizdi. Ama elimi omzuna koyarken tüm bedenine güçlü bir titreme yayıldı. Dudaklarında hastalıklı bir gülümseme titreşti ve sanki varlığımdan habersizmişçesine hızlı hızlı bir şeyler mırıldanmaya başladı:

"Duymak mı? – Evet, duyuyorum. Daha önce de duymuştum. Uzun – uzun – uzun dakikalar, saatler, günler boyunca duydum – ama cesaret edemedim – ah, acı bana, zavallının tekiyim ben! – Cesaret edemedim – konuşmaya *cesaret edemedim! Onu mezara diri diri koyduk!* Duyularımın keskin olduğunu söylememiş miydim? O tabuttan gelen ilk zayıf hareketlerini işittim onun. Günlerce, günlerce önce işittim – ama cesaret edemedim – *konuşmaya cesaret edemedim!* Ve şimdi – bu gece – Ethelred – Ha! Ha! – Münzevinin kapısının kırılışı ve ejderhanın ölüm çığlığı ve kalkanın tangırtısı! – Bunlar aslında onun tabutunun kapağını zorla açışı, hapishanesinin kapısının demir menteşelerinin gıcırdaması ve onun yeraltı mezarının kurşun kaplı kemerli geçidindeki çabaları! Ah, nereye kaçayım? Biraz sonra burada olmayacak mı? Beni azarlamak için koşarak buraya gelmiyor mu? Merdivende ayak seslerini duymadım mı? Kalbinin o ağır ve korkunç atışını işitmiyor muyum? DELİ!" Birden ayağa fırladı ve haykırmaya başladı, sanki harcadığı çaba içinde ruhunu teslim ediyormuşçasına – "DELİ! SANA ONUN ŞİMDİ KAPININ ARKASINDA DURDUĞUNU SÖYLÜYORUM!"

Sözünün insanüstü enerjisi bir büyünün gücünü taşımıştı

sanki; arkadaşımın parmağıyla işaret ettiği dev antika kapı ağır abanoz çenesini yavaşça açtı. Esen sert rüzgârın işi olmalıydı bu – ama o kapının ardında GERÇEKTEN DE Lady Madeline Usher kefene sarılmış halde, upuzun duruyordu. Beyaz kumaşta kan vardı. Sıska bedeninin her tarafında acı bir mücadelenin izlerini taşımaktaydı. Bir an eşikte titreyerek ve öne arkaya sallanarak durdu. Sonra hafif, iniltili bir çığlıkla, tüm ağırlığıyla erkek kardeşinin üstüne yığıldı. Kadın can çekişirken beklediği korkuların kurbanı olan erkek kardeşi de cansız yere düştü.

Dehşet içinde o odadan ve konaktan dışarı fırladım. Eski geçitten geçerken fırtına hâlâ tüm şiddetiyle hüküm sürüyordu. Birden yol parlak bir ışıkla aydınlandı ve böylesine tuhaf bir ışığın nereden geldiğini görmek için dönüp baktım; çünkü arkamda sadece o dev binayla gölgeleri vardı. Işık daha önce bahsettiğim, binanın çatısı boyunca zikzaklarla aşağı inen ve şimdi genişlemiş olan yarığın arasından gelen ve batmakta olan dolunayın kan kırmızısı ışığıydı. Ben bakarken yarık iyice genişledi – kasırga vahşice esti – birden ayın tamamı önümde belirdi – o güçlü duvarların çöktüğünü görürken beynim döndü – sanki binlerce denizden gelen uzun, gürlemeli bir haykırış duyuldu – ve ayaklarımın dibindeki derin ve karanlık gölün suları "USHER EVİ"nin kalıntılarının üstünde kasvetle ve sessizce kapandı.

1839

Şeytan'la Asla Kafan Üstüne Bahse Girme

Kıssadan Hisseli Bir Öykü

"Con tal que las costumbres de un autor," der Don Thomas De Las Torres, "Aşk Şiirleri"ne yazdığı önsözde, *"sean puras y castas, importa muy poco que no sean igualmente severas sus obras"*. Yani – bir yazar kişisel olarak iyi ahlaklıysa, kitaplarının ahlaklı olup olmaması önemli değildir. Biz Don Thomas'ın bu iddiasından dolayı şu anda Araf'ta olduğunu düşünüyoruz. Şiirsel adalet açısından da "Aşk Şiirleri"nin baskısı tükenene ya da nüshaları kimse okumadığından depolara kaldırılana kadar onun orada tutulması yerinde olur. Her kurgusal yapıtın bir kıssadan hissesi *olmalıdır.*[1] Aslında eleştirmenler her kurgusal yapıtın bir kıssadan hissesi *olduğunu* keşfetmişlerdir. Philip

1) Poe Amerikan edebiyatındaki, kıssadan hisse vermekten kaçınan ilk yazar olarak tanınır. Örneğin "Şiir İlkesi"nde şiirin "Güzelliğin Ritimle Yaratılışı" olduğunu ve "Görev'le ya da Gerçek'le hiçbir ilgisi bulunmadığını" söyler.

Melanchton, kısa süre önce "Batrachomyomachia" üstüne yazdığı bir eleştiride, şairin hedefinin isyana karşı bir hoşnutsuzluk uyandırmak olduğunu kanıtlamıştır. Pierre La Seine bir adım daha ileri gider ve şairin hedefinin gençleri yemeye ve içmeye teşvik etmek olduğunu gösterir. Jacobus Hugo da Homer'in Euenis'le John Calvin'i, Antonius'la Marthin Luther'i, Lotophagi ile genelde Protestanları ve Harpilerle de Hollandalıları ima ettiğinden emindir. Daha çağdaş skolastiklerimiz de aynı derecede keskin zekâlıdır. Bu şahıslar "Tufandan Önce"de gizli bir anlam, "Powhatan"da bir mesel, "Cock Robin"de yeni fikirler ve "Başparmağının Sekişi"nde transandantalizm bulurlar. Kısacası, kimsenin çok büyük bir tasarıma sahip olmadan oturup yazı yazamayacağı kanıtlanmıştır. Böylece genelde yazarlara büyük kolaylık sağlanmıştır. Mesela bir romancının oturup kıssadan hisse üzerine kafa yormasına gerek yoktur. O zaten oradadır – yani orada bir yerlerdedir. Kıssadan hisse ve eleştirmenler kendi başlarının çaresine bakabilirler. Zamanı gelince o şahsın "Kadran"da ya da "Down–Easter"da söylemek istediği ve istemediği her şey açığa çıkarılacaktır, söylemek istemesi gereken ve söylemeye çalışıp da beceremediği her şeyle birlikte. Böylece sonuçta her şey açıklığa kavuşturulacaktır.

Bu yüzden bana bir takım kara cahiller tarafından yöneltilen suçlama kesinlikle anlamsızdır. Benim hiç ahlaki, daha doğrusu kıssadan hisseli bir öykü yazmadığımı söylüyorlar. Onlar beni açığa çıkaracak ve kıssadan hisselerimi *geliştirecek* eleştirmenler değiller kesinlikle: İşin sırrı budur. Üç aylık dergi "Kuzey Amerika Yavanlığı" sonunda onların aptallıkları yüzünden utanmalarını sağlayacaktır. Bu arada ben yargısız infaza uğramamak için –bana yöneltilen suçlamaları hafifletmek için– aşağıdaki anlatıyı sunacağım. Bu anlatının bir kıssadan hissesi olduğundan kimse şüphe duyamaz, çünkü bu kıssadan hisse öykünün başlığında büyük harflerle verilmektedir. Bunun takdir edilmesi gerektiğini düşünüyorum – en azından La Fontaine ve diğerlerininkinden çok daha akıllıca bir yöntem; onlar etkinin son ana dek bekletilmesi gerektiğine inanıyorlar ve bu yüzden kıssadan hisselerini öykülerinin sonunda veriyorlar.

Defuncti injuriâ ne afficiantur[2] on iki taş levha üstüne yazılmış bir kanundu. *De mortuis nil nisi bonum*[3] da mükemmel bir emirdir – her ne kadar bahsedilen ölüler küçük ölü ayılardan başka bir şey olmasa da. Bu yüzden amacım müteveffa arkadaşım Toby Dammit'e[4] sövüp saymak değil. Evet, o zavallı köpeğin tekiydi ve köpek gibi öldü; ama kötü yönlerinin sorumlusu kendisi değildi. Bunlar annesinin suçuydu. Annesi onu çocukken elinden geldiğince kırbaçladı –çünkü o aklı başında hanımefendi görevlerini yapmaktan hep haz duyardı ve bebekler de, tıpkı sert biftekler ya da çağdaş Yunan zeytin ağaçları gibi, dövülmelidir–. Ama zavallı kadının solak olmak gibi bir talihsizliği vardı! Bir çocuğu sol elinizle döveceksiniz hiç dövmeyin daha iyi. Dünya sağdan sola döner. Bir bebeği soldan sağa kırbaçlamak olmaz. Eğer doğru yönde vurulan her

2) "Ölülere kara çalmayın."
3) "Ölüler hakkında sadece iyi şeyler söyleyin."
4) Dammit: Lanet olsun. – ÇN.

darbe çocuğun içindeki bir kötülük eğilimini dışarı atıyorsa, bu mantığa göre zıt yönde vurulan her darbenin de içine bir kötülük sokması gerekir. Toby dövülürken çoğu zaman ben de oradaydım. Sırf tekmelenme şeklinden bile gün geçtikçe kötüleştiğini görebiliyordum. Sonunda o alçak herif için hiç kurtuluş umudu kalmadığını, gözyaşları içinde anladım. Bir gün Toby'nin suratı kapkara olana dek dayak yediğini –gören onu küçük bir Afrikalı sanırdı– ve bunun onun çırpınarak kriz geçirmesinden başka bir etkisi olmadığını gördükten sonra artık dayanamadım ve diz üstü çöküp yüksek sesle, sonunun kötü olduğu kehanetinde bulundum.

Toby'nin kötü alışkanlıklara çok küçük yaşta başlamış olması korkunç bir şeydi. Daha beş aylıkken öyle dürtüler hissetmeye başlamıştı ki, bunlara anlam veremiyordu. Altı aylıkken onu bir deste iskambil kâğıdını kemirirken yakaladım. Yedi aylıkken sürekli dişi bebekleri yakalayıp öpüyordu. Sekiz aylıkken asla içki içmeyeceğine dair bir belgeyi imzalamayı kesinlikle reddetti. Böylece, aylar geçtikçe günahları giderek arttı. Birinci yılın sonunda sadece *bıyık* bırakmakta ısrar etmekle kalmıyordu, aynı zamanda küfür etmeye ve iddialarını bahislerle desteklemeye de alışmıştı.

Bu sonuncu, bir beyefendiye hiç yakışmayan alışkanlık Toby Dammit'in önceden görmüş olduğum sonunu hazırladı. Bu alışkanlığı "boyuyla birlikte büyümüş, gücüyle birlikte güçlenmişti", böylece bir erkek olduğunda her lafının arasına bir bahis daveti sıkıştırır olmuştu. *Bir şey karşılığında* bahse girdiği de yoktu – kesinlikle hayır. Arkadaşıma bu konuda haksızlık edemem. Bunu yapmaktansa yumurtlamayı tercih ederdi. Bu onun için bir alışkanlıktan başka bir şey değildi. Bu konuda söylediklerinin kesinlikle gizli anlamları yoktu. Tamamen masumca olmasa da basit açıklamalardılar – bir cümleyi süslemekte kullanılan hayali terimler. "Şu konuda bahse girerim ki" dediğinde, kimse onunla gerçekten bahse girmeyi düşünmezdi. Ama yine de ben onu uyarmanın görevim olduğunu hissederdim. Onunki ahlaksızca bir alışkanlıktı ve bunu ona söyledim. Bayağı bir alışkanlıktı – buna inanması için yalvardım. Toplumun tasvip etmediği bir şeydi – bu konuda yalnızca gerçeği söylüyordum. Kanunlara aykırıydı – bu konuda yalan söylemek gibi bir niyetim yoktu. Karşı çıktım – ama işe yaramadı. Kanıtladım – ilgilenmedi. Rica ettim – gülümsedi. Yalvardım – kahkaha attı. Vaaz verdim – dudak büktü. Tehdit ettim – küfür etti. Tekmeledim – polis çağırdı. Burnunu çektim – sümkürdü ve bunu bir daha deneyip deneyemeyeceğim üstüne bahse girmeyi önerdi. Denersem Şeytan'a kafasını verecekti.

Dammit'in annesinden oğluna geçen tuhaf fiziksel özürlerden biri de fakirlikti. Acınacak kadar fakirdi. Bahse girmekten bahsederken bunu genellikle parasal bir meseleye dönüştürmemesinin sebebi de buydu şüphesiz. Onun "Seninle bir dolarına bahse girerim ki" dediğini pek duymadığımı söyleyebilirim. Genellikle "İstediğine bahse girerim ki" ya da "Var mısın bahse?" veya "Seninle cüzi bir miktara bahse girerim ki", en çok da "*Şeytan'la kafam üstüne bahse girerim ki*" derdi.

En çok hoşuna giden ifade bu sonuncusu gibiydi. Belki bunun sebebi diğerlerinden daha az riskli olmasıydı. Çünkü Dammit iyice cimrileşmişti. Bahsi kabul edilirse, kafası küçük olduğundan fazla bir şey kaybetmeyecekti. Ama bunlar tamamen benim yorumlarım tabii. Doğruluklarından kesinlikle emin değilim. Her halükârda, söz konusu ibareyi giderek daha sık kullanmaya başladı, bir insanın kendi beynini banknot gibi kullanmasının iğrençliğine karşın. Ama dostumun sapkınlığı ya da mizacı bunu anlamasını engelliyordu. Sonunda diğer bütün bahis şekillerinden vazgeçti ve sadece "*Şeytan'la kafam üstüne bahse girerim ki*"yi kullanmaya başladı. Bunu öyle bir azimle ve bağlılıkla kullanıyordu ki, beni şaşırttığı kadar sinirlendiriyordu da. Anlam veremediğim şeyler beni hep sinirlendirir. Gizemler insanı düşünmeye zorlar, bu yüzden de sağlığını bozar. Bay Dammit o iğrenç ibareyi öyle bir *edayla* – öyle bir *telaffuzla* söylüyordu ki, bu ilk başta ilgimi çekti, ama sonra epey sinirimi bozmaya başladı. Bu öyle bir şeydi ki, şu anda daha uygun bir terim bulamadığımdan, *tuhaf* olarak tanımlamak zorundayım. Ama Bay Coleridge olsa mistik derdi; Bay Kant panteistik derdi: Bay Carlyle çarpık derdi; ve Bay Emerson hiper–alaycı derdi. Bundan hiç hoşlanmamaya başlamıştım. Bay Dammit'in ruhu tehlikedeydi. Onu kurtarmak için güzel konuşma yetimi tamamen kullanmaya karar verdim. İrlanda tarihindeki, bir karakurbağasına hizmet eden Aziz Patrick gibi, ben de ona hizmet etmeye, yani "gözlerini açtırıp durumunun farkına vardırmaya" yemin ettim. Hemen bu işe giriştim. Yaptığı şeye bir kez daha karşı çıkacaktım. Onu son kez dostça ikaz etmek için tüm gücümü topladım.

Konuşmamı bitirdikten sonra, Bay Dammit son derece belirsiz davranışlarda bulundu. Birkaç saniye sessiz kalıp yüzüme sorgulayıcı bir tavırla baktı. Ama sonra başını yana eğdi ve kaşlarını epey yukarı kaldırdı. Ardından ellerini açıp omuz silkti. Sonra sağ gözünü kırptı. Sonra aynı hareketi sol gözüyle tekrarladı. Sonra ikisini birden sımsıkı kapadı. Sonra ikisini birden faltaşı gibi açtı, öyle ki epey kaygılanmaya başladım. Sonra başparmağını burnuna dayayıp geri kalan parmaklarıyla anlatamayacağım bir hareket yaptı. Sonunda kollarını kavuşturdu ve karşılık vermeye tenezzül etti.

Söylediklerinin ayrıntılarını hatırlamıyorum. Dilimi tutarsam bana borçlu olacağını söyledi. Tavsiyelerime ihtiyacı yoktu. Olumsuz imalarımdan tiksiniyordu. Kendi başının çaresine bakacak kadar büyümüştü. Onun hâlâ bebek mi olduğunu sanıyordum? Onun karakterini mi eleştiriyordum? Ona hakaret mi etmek istiyordum? Ben salak mıydım? Annem evden çıktığımı biliyor muydu? Bu son soruyu dürüstlüğüme güvenerek soruyordu ve verdiğim yanıta katlanacaktı. Bir kez daha açıkça annemin dışarıda olduğumu bilip bilmediğini sordu. Şaşkınlığımın beni ele verdiğini söyledi. Şeytan'la kafası üstüne bahse girerdi ki, annem bunu bilmiyordu.

Bay Dammit cevap vermemi beklemedi. Topuğunun üstünde dönüp onursuzca bir aceleyle uzaklaştı. Bunu yapması kendisi için iyi oldu. Hislerim incinmişti. Hatta kızmıştım. Onun o aşağılayıcı bahsini kabul etmeye karar verdim. Şeytan'a Bay Dammit'in küçük kafasını kazandıracaktım. Çünkü, annemin evden geçici bir süre için çıkmış olduğumdan *haberi vardı.*

Ama *Khoda shefa midêhed*[5] –Allah bizi rahatlatır–, Müslümanların ayaklarına bastığınızda söyledikleri gibi. Hakarete vazifemi yaparken uğramıştım ve bu hakarete erkekçe katlandım. Ama artık o sefil insan için benden beklenebilecek her şeyi yapmış olduğumu düşünüyordum. Onu artık tavsiyelerimle rahatsız etmemeye karar verdim. Onu vicdanıyla baş başa bırakacaktım. Ama ona tavsiye vermeyi kesmiş olsam da, onunla selamı sabahı kesmeye içim elvermiyordu. Hatta çok fazla ayıplanmayacak eğilimlerinden bazıları konusunda şakalar yapacak kadar ileri gittim. Bazen fesatça şakalarını, hardal yiyen oburlar gibi, yaşlı gözlerle övüyordum: Ettiği şeytanca laflar beni böylesine üzüyordu.

Güzel bir günde, kol kola gezinirken karşımıza bir nehir çıktı. Üstünde bir köprü vardı ve buradan geçmeye karar verdik. Köprünün üstü kötü hava koşullarına karşı bir tedbir olarak örülmüştü. O kemerli geçit, sadece birkaç penceresi olduğundan, insanı huzursuz edecek kadar karanlıktı. Geçide girdiğimizde dışarısının aydınlığıyla içerisinin loşluğu arasındaki tezat içimi kararttı. Ama aynı şey talihsiz Dammit için söylenemezdi. İçimin karardığı konusunda Şeytan'la kafası üstüne bahse girebileceğini söyledi. Alışılmadık ölçüde keyifliydi. Son

5) "Allah şifa verir." Poe burada birebir olmasa da doğru bir çeviri yapmıştır.

derece neşeliydi – öyle ki kafamda türlü türlü şüpheler belirdi. Transandantalistlerden etkilenmiş olabilirdi. Ancak bu hastalığı teşhis edebilecek kadar kültürlü değilim. Ne yazık ki yanımda "Kadran"daki arkadaşlarımdan biri de yoktu. Yine de bu fikirden bahsediyorum, çünkü zavallı arkadaşım öyle bayağıca bir neşe sergiliyordu ki, tam bir budala gibi görünüyordu. Yoluna çıkan her şeyin altından eğilerek geçmeden ya da üstünden sıçramadan edemiyordu. Bazen haykırıyor, bazen peltek peltek konuşuyor, önemli önemsiz tuhaf laflar ediyor, yine de yüzünden son derece ciddi bir ifadeyi hiç eksik etmiyordu. Onu tekmelesem mi, yoksa ona acısam mı, bir türlü karar veremiyordum. Sonunda, köprünün neredeyse sonuna gelmişken, karşımıza bir turnike çıktı. Ben bunun içinden usulca geçtim. Ama Bay Dammit aynı şeyi yapmak niyetinde değildi. Turnikenin üstünden atlamakta ısrar ediyordu. Atlarken bir perende atabileceğini söyledi. Bunu yapabileceğini gerçekten sanmıyordum. Her türden perendeyi en iyi atan kişi arkadaşım Bay Carlyle idi ve onun bunu yapamayacağını biliyordum. Bu yüzden Toby Dammit'in de yapamayacağına inanıyordum. Bu yüzden ona boşuna övündüğünü ve iddia ettiği şeyi yapamayacağını söyledim. Bunları söylediğime daha sonra üzülecektim – çünkü o hemen *"Şeytan'la kafam üstüne bahse girerim ki bunu yapabilirim,"* dedi.

Tam daha önce aldığım kararlara rağmen ona karşılık verecek ve Tanrı'ya karşı yaptığı bu saygısızlıktan dolayı onu azarlayacaktım ki, birden dirseğimin yanında birinin hafifçe,

"Öhö!" diye öksürdüğünü işittim. Dönüp şaşkınlıkla etrafıma bakındım. Sonunda köprünün kuytu bir yerinde, duvarın yanında saygıdeğer görünüşlü, ufak tefek, topal, yaşlı bir beyefendinin durduğunu gördüm. Bir insan bundan daha fazla saygıdeğer görünemezdi; çünkü yalnızca siyah bir takım elbise giymekle kalmıyordu, aynı zamanda gömleği de tertemizdi ve yakaları oldukça düzgün bir şekilde beyaz bir kravatın üstüne kıvrılmıştı ve saçı önden, bir kızınki gibi ayrılmıştı. Ellerini düşünceli bir tavırla karnının üstünde birleştirmiş, gözlerini dikkatle yukarı kaldırmıştı.

Ona daha yakından bakınca küçük giysilerinin üstüne siyah bir ipek önlük giymiş olduğunu gördüm. Bu bana çok tuhaf geldi. Ama böylesine tuhaf bir şey hakkında tek kelime edemeden ikinci bir *"Öhö!"* ile beni durdurdu.

Buna hazırlıksız yakalanmıştım. Aslında böyle kısa ve özlü sözlere cevap bulmak neredeyse imkânsızdır. "Kuzey Amerika Yavanlığı"nın yazarlarından birinin "Şekerleme!" sözcüğü karşısında hayrete kapıldığını biliyorum. Bu yüzden yardım istemek için Bay Dammit'e döndüğümü söylemekten utanmıyorum.

"Dammit," dedim, "ne yapıyorsun? Duymuyor musun? Beyefendi *'Öhö!'* diyor." Konuşurken arkadaşıma dik dik bakıyordum çünkü, doğrusunu söylemek gerekirse, epey şaşkın bir haldeydim ve bir insan epey şaşkın bir haldeyken kaşlarını çatıp vahşi görünmelidir, yoksa kesinlikle salak gibi görünür.

"Dammit," diye belirttim –gerçi sanki küfrediyormuşum gibi olmuştu, ama niyetim kesinlikle bu değildi– "Dammit," diye belirttim – "beyefendi '*Öhö*!' diyor."

Çok derin bir laf ettiğimi iddia etmeyeceğim. Derin bir laf ettiğimi düşünmüyordum. Ama söylediklerimizin yarattığı etkiler her zaman onlara verdiğimiz değerle orantılı değildir. Bay D.'ye arka arkaya Paixhan bombaları atsaydım ya da kafasına "Amerikan Şiiri ve Şairleri"yle vursaydım, bu ona söylediğim o basit sözcüklerden daha fazla rahatsızlık vermezdi – "Dammit, ne yapıyorsun? – Duymuyor musun? – Beyefendi '*Öhö!*' diyor."

"Sahi mi?" diye soludu sonunda, yüzü bir savaş gemisi tarafından takip edilen bir korsanınkinden bile daha fazla renge arka arkaya büründükten sonra. "*Bunu* söylediğinden emin misin? Her neyse, madem bu işe bulaştım, cesurca bir tavır takınayım bari. İşte, söylüyorum – *Öhö!*"

Bu, ufak tefek yaşlı beyefendinin hoşuna gitmiş gibiydi – sebebini Tanrı bilir. Duvar dibinden ayrıldı ve zarifçe topallayarak gelip Dammit'in elini tuttu ve içtenlikle sıktı. Bu arada yukarı, onun yüzüne insanoğlunun hayal edebileceği en saf ve iyilik dolu ifadeyle bakıyordu.

"Kazanacağına eminim Dammit," dedi, olabilecek en candan gülümsemeyle. "Ama formalite icabı seni bir sınamadan geçirmek zorundayız."

"Öhö!" diye yanıtladı arkadaşım, derin derin iç geçirip ceketini çıkararak beline bir mendil bağlarken ve gözlerini yukarı kaldırıp ağzının köşelerini indirerek yüzüne anlaşılmaz bir ifade verirken – "Öhö!" Sonra, bir duraksamanın ardından tekrar "Öhö!" dedi. Ve bundan sonra "Öhö!"den başka tek kelime ettiğini işitmedim. "Öhö!" diye düşündüm içimden – "Toby Dammit'in suskunluğu dikkat çekici. Bunun sebebi biraz önceki laf kalabalığı olsa gerek. Bir aşırı ucu diğeri takip eder. Acaba onu son azarlayışımda bana sorduğu bütün o cevaplanamaz soruları unuttu mu? Her halükârda, transandantalistlerin etkisinden kurtulduğu, iyileştiği kesin."

"Öhö!" diye karşılık verdi Toby, düşüncelerimi okumuşçasına. Düşüncelere dalmış, oldukça yaşlı bir koyuna benziyordu.

Yaşlı beyefendi onu kolundan tutup köprünün karanlığına – turnikeden birkaç adım uzağa götürdü. "Sevgili dostum," dedi. "Vicdanımın sesini dinleyip, sana şu kadarını söyleyeceğim. Ben turnikeye gidene kadar burada bekle. Böylece üstünden iyi ve transandantalist bir şekilde atlayıp atlamadığını görebilirim. Perende atmayı da ihmal etme. Formalite icabı, biliyorsun. Üçe kadar sayacak, sonra 'başla' diyeceğim. 'Başla' dediğimde başlayacaksın." Sonra turnikeye gitti, bir an derin düşüncelere dalmışçasına duraksadı, ardından *başını kaldırıp* baktı. Sanki çok hafifçe gülümsediğini gördüm. Sonra önlüğünün iplerini sıkılaştırdı, Dammit'e uzun uzun baktı ve en sonunda da kararlaştırdıkları gibi saymaya başladı–

Bir – iki – üç –başla!

"Başla" sözcüğünü duyan arkadaşım hemen hızla koşmaya başladı. Turnikenin boyu Bay Lord'unki kadar uzun değildi – ama Bay Lord'un eleştirmenlerininki kadar kısa da değildi. Sonuçta Toby'nin onun üstünden atlayabileceğini düşündüm. Ama atlayamazsa ne olacaktı? – Ah, işte bütün mesele buydu. Atlayamazsa ne olacaktı? "Yaşlı beyefendinin," diye düşündüm, "başka bir beyefendiyi atlatmaya ne hakkı var? Bu yaşlı bücür de *kim* oluyor? *Benden* atlamamı isterse kesinlikle kabul etmeyeceğim. Kim olduğu umurumda değil. İsterse *Şeytan'ın ta kendisi* olsun." Köprü oldukça gülünç bir şekilde kavisli ve kapalıydı. İçinde sürekli son derece rahatsız edici bir yankı vardı. Bu yankının farkına iyice varmaya ancak "Şeytan'ın ta kendisi" dedikten sonra başladım.

Ama söylediğim ya da düşündüğüm ya da işittiğim şey sadece bir an sürdü. Zavallı Toby'm koşmaya başladıktan sonra, beş saniye bile geçmeden sıçramıştı. Çevikçe koştuğunu ve yerden epey yukarı sıçradığını görmüştüm. O havada yükselirken bacakları korkunç bir şekilde sallanıyordu. Havada iyice yükseldiğini ve turnikenin tam tepesinde olağanüstü bir perende attığını gördüm. Turnikeyi aşmayı sürdürmemesi bana son derece tuhaf geldi tabii. Ama bu sıçrayış sadece bir saniye sürdü. Derin düşüncelerde bulunmama fırsat kalmadan Bay Dammit sırt üstü, turnikenin koşmaya başladığı tarafına düşüverdi. Aynı anda yaşlı beyefendinin müthiş bir hızla, topallaya topallaya koşarak uzaklaştığını gördüm. Turnikenin üstündeki karanlıktan önlüğüne düşen ağır bir cismi bununla sarıvermişti. Bütün bunlar beni epey şaşırttı. Ama düşünmeye vaktim yoktu, çünkü Bay Dammit tuhaf bir şekilde hareketsiz yatıyordu. Hislerinin incinmiş olduğuna karar verdim. Yardımıma ihtiyacı vardı. Hemen yanına gittim ve ciddi denebilecek bir yara almış olduğunu gördüm. Aslına bakılırsa, kafasını yitirmişti. Etrafı aradım, ama kafasını bulamadım. Bu yüzden onu evine götürmeye ve doktor çağırmaya karar verdim. Bu arada aklıma bir düşünce geldi ve köprünün yakındaki pencerelerinden birini açtım. İşte o zaman korkunç gerçeği anladım. Turnikenin bir buçuk metre kadar tepesinde düz bir demir çubuk vardı. Buna benzer demir çubuklar köprü boyunca uzanmaktaydı. Yapıya destek vermek için konuldukları belliydi. Zavallı arkadaşımın boynu bu demir çubukla temasa geçmiş olmalıydı.

O korkunç kaybından sonra fazla yaşamadı. Doktorlar ona fazla ilaç vermedi, verdikleri ilaçları da arkadaşım almakta tereddüt etti. Bu yüzden durumu kötüleşti ve sonunda öldü. Bu bütün asi karaciğerlere bir dersti. Mezarını gözyaşlarımla ıslattım. Armalı aile kalkanının üstüne bir demir çubuk resmi eklettim.[6] Cenaze masraflarını ödedim ve oldukça mütevazıca olan faturamı transandantalistlere gönderdim. O hergeleler bunu ödemeyi reddetti. Bu yüzden hemen Bay Dammit'i mezarından çıkarttırdım ve onu köpek eti olarak sattım.

1841

6) Poe burada *"bar sinister"* ile bir kelime oyunu yapıyor: *Bar* çubuk anlamına gelir; *bend sinister* ise birinin armasının sol tarafındaki, soyunun gayri meşru olduğunu gösteren işarettir. – ÇN.

Altın Böcek

Vay canına! Vay canına! Herif deli gibi dans ediyor!
Tarantula sokmuş onu.
–Her Şey Yanlış.

Yıllar önce, William Legrand adlı biriyle arkadaşlığım olmuştu. Köklü Huguenot sülalesindendi adamcağız ve bir zamanlar hayli varlıklıyken peş peşe yaşadığı talihsizlikler servetini eritmişti. Bu felaketlerden sonra hor görülmek istemediğinden, atalarının şehri New Orleans'dan ayrılıp Güney California'daki Charleston yakınlarında bulunan Sullivan Adası'na yerleşmişti.

Burası oldukça tuhaf bir adadır. Üç mil uzunluğundaki adada sahil kumundan başka bir şey yok gibidir. Genişliği çeyrek mili geçmez. Anakaradan küçücük bir dereyle ayrılır. Bu bataklık kuşlarının pek sevdiği dere sazlı ve çamurlu bir arazide usul usul akar. Bitki örtüsü tahmin edilebileceği gibi seyrek, en azından bodurdur. Tek bir iri ağacı bile yoktur.

Batı ucunda Moultrie Kalesi ve yazları Charleston'ın tozundan ve sıcağından kaçan insanların kaldığı harap kulübeler vardır. Bu batı uçtaki tüylü cüce palmiyeler ve kumlu, beyaz sahil şeridi dışında ada, İngiliz bahçıvanlarının gözdesi olan hoş mersinlerle kaplıdır. Boyları en fazla dört beş metreyi bulan ve havaya tatlı kokular yayan bu mersinler öyle sıktır ki geçilmesi neredeyse olanaksızdır.

Legrand bu korunun en iç kesiminde, adanın doğu ucuna yakın bir yerde küçük bir kulübe inşa etmişti. Onunla tesadüfen tanıştığımda burada kalıyordu. Kısa sürede arkadaş olduk –çünkü bu münzevi adam oldukça ilginç ve saygıdeğer bir insandı. İyi bir eğitim almıştı, kafası da iyi çalışıyordu, ama ne yazık ki insanlardan kaçıyordu ve çok çabuk neşelenip hüzünlenebiliyordu. Pek okumadığı bir sürü kitabı vardı. Başlıca eğlenceleri tüfekle avlanmak, balık tutmak ve sahille koruda gezinip denizkabuğu ve böcek numuneleri aramaktı. Böcek koleksiyonu Swammerdamm'ı[1] bile kıskandırırdı. Bu gezintiler sırasında yanına Jupiter adlı yaşlı zenciyi alırdı genellikle. Jupiter, servetini yitirmeden önce azat ettiği kölesiydi; ama onu yanından ayrılmaya ne vaatlerle, ne de tehditlerle ikna edebilmişti. Jupiter genç "Will Efendi"sine hizmet etmeyi hak sayıyordu. Belki de Legrand'ın akrabaları kafasının biraz karışık olduğunu düşünüp Jupiter'i efendisinin yanından ne olursa olsun ayrılmamaya ve ona göz kulak olmaya ikna etmişti.

1) Jan Swammerdam. (1637-1680) Hollandalı böcekbilimci.

Sullivan Adası'nın bulunduğu enlemde kışların sert geçtiği enderdir. Sonbaharlarda hava genellikle sıcak olur. Ama 18— Kasımının ortalarında çok soğuk bir gün yaşandı. Günbatımından hemen önce her dem taze ağaçların arasından geçerek arkadaşımın kulübesine gittim. Onu haftalardır ziyaret etmiyordum, çünkü o sıralarda Charleston'da kalıyordum. Charleston'la adanın arası dokuz mildir ve o günlerdeki ulaşım imkânları da şimdiki gibi değildi. Kulübeye varınca hep yaptığım gibi kapıyı çaldım. Yanıt alamayınca saklı olduğu yeri bildiğim anahtarı alarak kapıyı açıp içeri girdim. Ocak yanıyordu. Bu alışılmadık bir durumdu ve epey hoşuma gitmişti. Paltomu çıkardım, çıtırdayan odunların yanına bir koltuk çektim ve oturup ev sahiplerinin gelmesini sabırla beklemeye başladım.

Karanlık çöktükten az sonra geldiler. Beni candan bir şekilde selamladılar. Ağzı kulaklarına varan Jupiter akşam yemeği için bataklık kuşları pişirmeye karar verdi. Legrand neşe nöbetlerinden –başka nasıl tanımlayabilirim ki?– birini geçiriyordu. Çift kabuklu yumuşakçalardan bilinmeyen, yepyeni bir cins keşfetmişti. Dahası Jupiter'in yardımıyla bir *scarabaeus*[2] yakalamıştı. Bunun da yepyeni bir cins olduğuna inanıyor, ama ertesi gün bu konuda fikrimi almak istiyordu.

"Niye bu gece olmasın?" diye sordum, ellerimi ateşin üstünde birbirine sürterek ve *scarabaeus*ların topuna lanet okuyarak.

"Ah, keşke burada olduğunu bilseydim!" dedi Legrand.

2) Kınkanatlı.

"Ama seni görmeyeli epey oldu. Bu akşam beni ziyarete geleceğini nereden bilebilirdim ki? Eve dönerken kaleden Teğmen G—— ile karşılaştım. Büyük bir aptallık yapıp böceği ona ödünç verdim. Bu yüzden onu sabaha kadar görmen imkânsız. Bu gece burada kal. Şafakta Jup'u gönderip böceği aldırtırım. Böyle güzel bir şeyi hayatında görmemişsindir!"

"Neyi? Şafağı mı?"

"Saçmalama! Hayır! Böcekten bahsediyorum. Rengi parlak altın sarısı. İri bir ceviz büyüklüğünde. Sırtında bir yanda aralıklı iki kapkara benek, diğer yanda da oldukça ince uzun bir başka benek var. *Duyargaları–*"

"İçinde hiçbişi yok efendim," diye araya girdi Jupiter. "Her tarafı altın, içi, dışı, kanatları. Hayatımda böyle ağır böcek görmedim."

"Diyelim ki öyle Jup," diye karşılık verdi Legrand, bence biraz aşırı bir ciddiyetle. "Ama bu kuşları yakıp kömüre çevirmen için yeterli bir sebep mi?" Sonra bana döndü: "Evet, böceğin rengine bakınca insanın Jupiter'in söylediklerine inanası geliyor. O pullardan daha parlak bir metalik renk görmemişsindir. Ama bunu yarın kendin görürsün nasılsa. Bu arada sana biraz şeklinden bahsedeyim." Küçük bir masaya oturdu; üstünde bir dolmakalem ve mürekkep duruyordu ama kâğıt yoktu. Legrand bir çekmeceyi açarak kâğıt aradı, orada da bulamadı.

"Neyse," dedi sonunda. "Şu işimizi görür." Yelek cebinden oldukça büyük ve kirli bir yazı kâğıdı çıkardı ve üstüne dolmakalemle bir şeyler çiziktirdi. O bunu yaparken ben ateşin başında oturmayı sürdürdüm, çünkü hâlâ üşüyordum. Çizimi bitirince yerinden kalkmadan kâğıdı bana uzattı. Tam alırken bir hırıltı duydum. Ardından kapı tırmalandı. Jupiter kapıyı açınca içeri Legrand'ın Newfoundland cinsi köpeği daldı ve omuzlarıma sıçrayıp yüzümü yalamaya başladı. Önceki ziyaretlerimde epey ilgi göstermiştim hayvana. Köpeğin oynaması bitince kâğıda baktım ve açıkçası arkadaşımın çizdiği resme epey şaşırdım.

"Evet!" dedim, resmi birkaç dakika inceledikten sonra. "Bu *gerçekten* de tuhaf bir *scarabaeus*a benziyor. Böylesini ilk kez görüyorum. Gördüğüm kadarıyla bir kafatasını ya da kurufayı andırıyor."

"Kurukafayı mı!" diye tekrarladı Legrand. "Evet –kâğıt üzerinde gerçekten de kurukafaya benziyor. Tepedeki siyah benekler gözlere benziyor, değil mi? Alttaki uzun olanı da ağza benziyor –ayrıca genel şekli de oval."

"Belki öyledir," dedim. "Ama Legrand, korkarım sen iyi bir ressam değilsin. Böceğin görünüşü hakkında bir fikir edinmek için onu kendim görsem daha iyi olacak."

"Bilmem ki," dedi Legrand. Biraz bozulmuştu. "İyi çizerim aslında. En azından iyi çizmem gerekir. Öğretmenlerim çok iyiydi. Eh, ben de gerizekâlı sayılmam."

"Ama sevgili dostum," dedim, "öyleyse şaka yapıyor olmalısın. Bu tam bir kurukafa –hatta fizyolojik açıdan bakarsak *kusursuz* bir kurukafa. Senin *scarabaeus*un buna benziyorsa dünyanın en tuhaf *scarabaeus*u olsa gerek. Hatta insanın içine batıl korkular bile düşürür bu. Böceğe *scarabaeus caput hominis*[3] gibi bir ad vereceksin herhalde. Doğa bilimlerinde böyle isimlere sık sık rastlanır. Ama söz ettiğin *duyargalar* nerede?"

"*Duyargalar* mı!" dedi Legrand. Anlaşılmaz bir şekilde sinirlenmeye başlamıştı. "*Duyargaları* görmüyor olamazsın. Onları böceğin geri kalanı kadar açık seçik çizdim. Bu yeterlidir herhalde."

"Evet ama ben yine de duyarga filan görmüyorum," dedim ve kâğıdı başka bir şey söylemeden ona uzattım. Sinirlenmesini istemiyordum. Ama böyle huysuzlaşmasına şaşırmıştım. Ayrıca resimdeki böcekte *duyarga* filan yoktu. Genel görünüşü de gerçekten bir kurukafayı andırıyordu.

Kâğıdı huysuzca aldı ve tam buruşturup ateşe atacakken, birden resimdeki bir şey dikkatini çekti. Yüzü birden kıpkırmızı kesildi. Sonra sarardı. Birkaç dakika boyunca resmi oturduğu yerden inceledi. Sonra ayağa kalktı, masadan bir mum aldı ve gidip odanın diğer ucundaki bir gemici sandığının üstüne oturdu. Burada da kâğıdı sinirli bir havayla inceledi, evirip çevirdi. Ama tek kelime etmiyordu. Tavırlarına çok şaşırmıştım. Ama konuşup onu iyice sinirlendirmek istemediğimden sustum. Sonunda ceket cebinden bir cüzdan çıkardı ve kâğıdı dikkatle içine koydu. Cüzdanı bir yazı masasının çekmecesine koydu ve çekmeceyi kilitledi. Şimdi biraz sakinleşmiş gibiydi. Ama ilk baştaki neşeli havasından eser

---

3) İnsan başlı kınkanatlı.

kalmamıştı. Yine de huysuz değil daha çok dalgın görünüyordu demek doğru olur. Akşam ilerledikçe iyice düşünceye daldı. Bütün konuşma çabalarıma karşın dikkatini çekemiyordum. Geceyi sık sık yaptığım gibi kulübede geçirmek arzusundaydım, ama ev sahibimin ruh halini görünce gitmemin daha iyi olacağına karar verdim. Kalmam için ısrar etmedi, ama çıkarken elimi her zamankinden de candan sıktı.

Bundan bir ay sonra (bu süre içinde Legrand'ı hiç görmedim) uşağı Jupiter Charleston'a beni görmeye geldi. O iyi yürekli ihtiyar zenciyi hiç bu kadar üzgün görmemiştim. Arkadaşımın ağır bir şekilde hastalandığından korktum.

"Ne oldu Jup?" dedim. "Efendin nasıl?"

"Valla pek iyi değil."

"İyi değil ha! Buna çok üzüldüm. Nesi var?"

"Bilmem ki! Bi şey söylemiyor. Ama çok hasta."

"*Çok* hasta demek! Şunu baştan söylesene! Yataktan kalkamıyor mu?"

"Hayır, yatmıyor! Ama efendimin haline çok üzülüyorum."

"Jupiter, neden bahsettiğini anlayamıyorum. Efendinin hasta olduğunu söylüyorsun. Nesi varmış, söylemedi mi?"

"Bana kızmayın. Efendim nesi olduğunu söylemedi. Ama niye ortalıkta başını eğip omuzlarını kaldırarak gezinip duruyo? Niye yüzü kaz gibi bembeyaz? Sonra niye o hortumu hiç elinden düşürmüyo–"

"Neyi dedin Jupiter?"

"Hortumu –üstünde tuhaf tuhaf yazılar var. Artık korkmaya başladım. Efendimi gözümün önünden hiç ayırmamaya çalışıyorum. Bu sabah erkenden beni atlatıp kaçıp gitti ve bütün gün dönmedi. Koca bi sopa hazırladım –gelince onu bi temiz dövecektim. Ama öyle bitkin görünüyodu ki içim elvermedi."

"Ne? Ha? Ah evet! Zavallı dostumuza fazla sert davranmasan iyi olur tabii. Sakın döveyim deme Jupiter –buna dayanamayabilir. Ama bu hastalığın ya da daha doğrusu tavır değişikliğinin sebebi ne olabilir sence? Hiçbir fikrin yok mu? Son görüştüğümüzden beri tuhaf bir şey oldu mu?"

"Hayır efendim, *o günden* beri bi tatsızlık olmadı. Ama korkarım sizi *görmeden önce* bi şey oldu –geldiğiniz gün."

"Nasıl yani? Ne demek istiyorsun?"

"Böceği kastediyorum efendim."

"Neyi dedin?"

"Böceği. O altın böceğin efendimi kafasından ısırdığına eminim."

"Niye böyle düşünüyorsun Jupiter?"

"Hiç öyle böcek görmemiştim. Yaklaşan her şeyi tekmeliyo, ısırıyodu. Efendim epey uğraştıktan sonra onu yakaladı, ama sonra hemen bıraktı. Bence böcek onu o sırada ısırmıştı. Böcek hiç hoşuma gitmemişti, bu yüzden onu çıplak elle değil, bulduğum bi kâğıt parçasıyla tuttum. Böceği kâğıda sardım. Kâğıdın bi parçasını da ağzına tıktım. İşte böyle oldu."

"Yani böceğin efendini ısırıp hasta ettiğini düşünüyorsun?"

"Düşünmüyorum, biliyorum. Niye rüyasında hep altın görüyo –altın böcek tarafından ısırılmadıysa? Bu altın böcekleri daha önce de duymuştum."

"Ama rüyasında altın gördüğünü nereden biliyorsun?"

"Nereden mi biliyorum? Uykusunda sayıklıyo da ondan."

"Belki de haklısın Jup. Bugünkü ziyaretini neye borçluyum peki?"

"Ne dediniz efendim?"

"Bay Legrand'dan mesaj mı getirdin?"

"Hayır efendim. Size bi pusula gönderdi." Jupiter bana bir not uzattı. İçinde şunlar yazılıydı:

"SEVGİLİ –

"Epeydir ortalarda yoksun? Umarım aptallık edip de küçük kabalıklarıma gücenmemişsindir. Ama hayır, bu mümkün değil.

"Son görüşmemizden beri epey tedirginim. Sana söylemem gereken bir şey var. Ama nasıl söylesem, hatta söylesem mi, söylemesem mi bilemiyorum.

"Son birkaç gündür iyi değilim. Zavallı ihtiyar Jupiter de öyle üstüme düşüyor ki bunalıyorum. İnanır mısın, geçen gün onu atlattım, kaçıp *solus*[4] anakaradaki tepelere gittim diye beni dövmek için koca bir sopa hazırlamış. Sanırım beni dayaktan kurtaran bitkin görünüşüm oldu.

"Gittiğinden beri küçük odamda bir yenilik yok.

---

4) Tek başına.

"Gelebiliyorsan Jupiter'le birlikte gel. *Lüften* gel. Seni *bu gece*, önemli bir iş için görmek istiyorum. Seni temin ederim ki *son derece* önemli bir iş.

"Ebedi dostun,

"WILLIAM LEGRAND."

Bu notun havası beni kaygılandırmıştı. Legrand'ın genel üslubundan farklıydı. Neler kuruyordu acaba? O heyecanlı beyninden ne tuhaflıklar geçiyordu? "Son derece önemli bir iş"le *neyi* kastediyor olabilirdi? Jupiter'in anlattıkları pek iç acıcı değildi. Servetini kaybetmiş olmanın baskısının, sonunda dostumun akıl sağlığını bozduğundan korkuyordum. Bu yüzden hiç vakit kaybetmeden hemen yol hazırlıklarına başladım.

İskeleye gidince, bineceğimiz kayığın içinde yepyeni bir tırpan ile üç kürek gördüm.

"Bunlar da nesi Jup?" diye sordum.

"Efendimin tırpanı ve kürekleri."

"İyi ama burada ne işleri var?"

"Kasabaya inince bunları alıp götüreyim diye ısrar etti efendim. Epey tuzluya patladılar."

"Ne kadar esrarengiz, 'efendin' bu tırpan ve küreklerle ne yapacak?"

"*Ne* bileyim. Bence o da bilmiyo ya. Hep o böcek yüzünden."

Jupiter'den bir şey öğrenemeyeceğimi anlayınca (aklını "böcekle" bozmuştu) kayığa bindim ve yola çıktık. Rüzgâr güçlüydü. Bu yüzden Moultrie Kalesi'nin kuzeyindeki küçük koya kısa sürede vardık. İki mil yürüdükten sonra kulübeye ulaştığımızda saat öğleden sonra üç olmuştu. Legrand'ın bizi sabırsızlıkla beklediği anlaşılıyordu. Elimi öyle bir *empressement*le[5] sıktı ki, kaygılarım ve şüphelerim iyice arttı. Yüzü bembeyazdı. Çukura kaçmış gözleri tuhaf bir şekilde parlıyordu. Sağlığıyla ilgili birkaç soru sorduktan sonra, başka ne diyeceğimi bilemediğimden, Teğmen G——'den *scarabaeus*u geri alıp almadığını sordum.

"Ah evet," dedi kıpkırmızı kesilerek. "Ertesi sabah aldım. Beni o *scarabaeus*tan hiçbir şey ayıramaz. Biliyor musun, Jupiter o konuda tamamen haklı."

"Hangi konuda?" diye sordum üzüntüyle.

"Böceğin *gerçek altından* olduğunda." Bunu öyle büyük bir ciddiyetle söylemişti ki, anlatılmaz bir şok yaşadım.

"O böcek sayesinde," diye devam etti, utkulu bir gülümsemeyle, "ailemin servetini geri alacağım. Yani üstüne titrememde şaşılacak bir şey yok. Madem ki talih onu karşıma çıkardı, tek yapmam gereken onu uygun şekilde kullanmak. Böylece onun sayesinde altınları bulacağım. Jupiter, o *scarabaeus*u getir bakayım!"

"Ne! Böceği mi efendim? Kusura bakmayın ama o böcek için kılımı kıpırdatmam. Kendiniz getirin." Bunun üzerine Legrand ciddi ve haşmetli bir havayla ayağa kalktı ve böceği içinde bulunduğu bir cam kutudan çıkarıp bana getirdi. Ger-

5) İçtenlikle.

çekten güzel bir *scarabaeus*tu. O sıralarda doğa bilimcileri tarafından bilinmeyen bir cinsti. Bilimsel açıdan çok değerliydi elbette. Sırtının bir ucunda iki yuvarlak benek, diğerindeyse uzun bir benek vardı. Pulları sert ve parlaktı. Parlatılmış altını andırıyordu. Epey ağırdı. Bütün bunları göz önüne alınca, Jupiter'in onu altından sanmasında şaşılacak bir şey yoktu. Ama Legrand'ın da böyle düşünmesine anlam veremiyordum.

Ben böceği incelemeyi bitirince "Seni çağırtmanın nedeni," dedi Legrand tumturaklı bir havayla, "talih ve böcek konusunda fikirlerini ve yardımını istiyor olmam."

"Sevgili Legrand," diye haykırıp sözünü kestim, "iyi değilsin. Kendine biraz dikkat etsen iyi edersin. Haydi yatağa git ve birkaç gün dinlen. İyileşene kadar yanından ayrılmayacağım. Ateşin çıkmış ve–"

"Nabzımı tut," dedi.

Dediğini yaptım ve, ne yalan söyleyeyim, gördüm ki ateşi hiç de çıkmamış.

"Ama ateşin çıkmasa da hasta olabilirsin. Lütfen, izin ver de sana bazı tavsiyelerde bulunayım. Önce yatağa git. Sonra da–"

"Yanılıyorsun," diye sözümü kesti. "İçinde bulunduğum koşullarda bundan iyi olamazdım. Gerçekten iyiliğimi istiyorsan, heyecanımı dindirmelisin."

"Bunu nasıl yapacağım peki?"

"Çok kolay. Jupiter ile ben anakaraya geçip tepelerde bir

keşif gezisi yapacağız. Bu keşif gezisinde güvenebileceğimiz birinin yardımına ihtiyacım var. Güvenebileceğimiz tek kişi sensin. Başarılı olsak da olmasak da şu gördüğün heyecanım dinecek."

"Sana yardım etmek için her şeyi yaparım," dedim. "Ama şu kahrolası böceğin tepelere yapacağın keşif gezisiyle ilgisi mi var demek istiyorsun?"

"Evet."

"Öyleyse Legrand, afedersin ama böyle saçma sapan bir işte ben yokum."

"Buna üzüldüm –çok üzüldüm. Madem öyle sensiz deneriz."

"Bensiz ha! Delirmişsin sen! Ama bir dakika! Yolculuğunuz ne kadar sürecek?"

"Herhalde bütün gece. Hemen yola çıkacağız. En geç şafakta döneriz."

"Peki bu böcek meselesi (ulu Tanrım!) kapandığında, eve geri döneceğine ve doktorun olarak tavsiyelerime uyacağına şerefin üstüne and içer misin?"

"Evet, yemin ediyorum. Haydi artık yola çıkalım. Kaybedecek vakit yok."

Dostuma üzüntüyle eşlik ettim. Saat dört civarında yola çıktık –Legrand, Jupiter, köpek ve ben. Jupiter tırpanla kürekleri taşıyordu. Bunları taşımakta ısrar etmişti –sanırım sebebi çalışkanlığından ya da yumuşak başlılığından çok bunları efendisinden uzak tutmak istemesiydi. Suratı iyice asıktı ve yolculuk boyunca ağzından "kahrolası böcek"ten başka laf çıkmadı. Ben iki fener taşıyordum. Legrand ise sadece *scarabaeus*la yetiniyordu. Böceği bir kamçı siciminin ucuna bağlamıştı. Yürürken böceği havada bir sihirbaz edasıyla sallayıp duruyordu. Arkadaşımın aklının yerinde olmadığının bu son kanıtını da görünce neredeyse hüngür hüngür ağlayacaktım. Ama en azından şimdilik suyuna gitmenin, harekete geçmek için uygun bir vakit kollamanın daha iyi olacağını düşündüm. Bu arada ondan bu keşif gezisinin hedefini öğrenmeye çalıştıysam da başarılı olamadım. Beni yolculuğa katılmaya ikna etmekle tatmin olmuş gibiydi. Anlaşılan artık önemsiz konularda konuşmak istemiyordu ve bütün sorularıma hep aynı yanıtı veriyordu: "Göreceğiz!"

Bir kikle küçük dereyi geçtik ve anakaranın sahilindeki tepelere tırmanıp son derece yaban ve ıssız bir arazide kuzeybatı yönünde ilerlemeye başladık. Buraya insan ayağı değmemiş gibiydi. Legrand kararlı adımlarla bize yol gösteriyordu. Bazen bir iki saniyeliğine duruyor, arazide ona tanıdık geldiği belli olan yerleri inceliyordu.

Böyle iki saat kadar yürüdük. Güneş batarken son derece iç karartıcı bir bölgeye girdik. Burası, zirveye tırmanmanın neredeyse imkânsız olduğu bir tepenin hemen altındaki son düzlüktü. Tepe tamamen sık ağaççıklarla kaplıydı ve ağaççıkların arasındaki gevşek toprakta her an yuvarlanmaya hazır dev kayalar vardı. Kayaların aşağıdaki vadilere düşmesini sadece yaslandığı ağaçlar engelliyordu. Ötede berideki geniş ve derin sel yatakları manzarayı daha da ürkütücü kılıyordu.

Üstüne çıktığımız doğal platform dikenli çalılarla kaplıydı. Tırpan olmasa bunların arasından geçemezdik. Jupiter efendisinin talimatları doğrultusunda bize yol açtı. Çevresinde sekiz on meşe bulunan dev bir lale ağacının dibine kadar gittik. Meşeler gerek yaprakları, gerek şekilleri açısından o zamana kadar gördüğüm en güzel ağaçlardı; uzun dallarıyla haşmetli bir görünümleri vardı. Lale ağacına ulaşınca Legrand Jupiter'e döndü ve o ağaca tırmanıp tırmanamayacağını sordu. İhtiyar bu soru karşısında afallamış gibiydi. Birkaç saniye yanıt vermedi. Sonunda ağacın dev gövdesine yaklaştı, etrafında usulca dolandı ve dikkatle inceledi. İncelemesini bitirince "Evet efendim, Jup'un tırmanamayacağı ağaç yoktur," dedi.

"Öyleyse hemen tırman, çünkü yakında hava kararacak."

"Ne kadar tırmanayım efendim?" diye sordu Jupiter.

"Önce ana gövdeye çık. Sonra sana ne tarafa gideceğini söylerim. Dur bir dakika! Şu böceği de yanına al."

"Böcek mi dediniz efendim! Altın böceği mi!" diye haykırdı zenci, dehşetle geri çekilerek. "Onu ne yapacağım ki? Hayır, dünyada olmaz!"

"Koskoca zencisin, ama şu küçücük, zararsız, ölü böcekten korkuyorsun. İpinin ucundan tut bari. Ama bunu da kabul etmezsen, şu kürekle kafanı kırmaktan başka seçeneğim kalmıyor."

"Yine n'oldu efendim?" dedi, utandığını belli ederek razı

olan zenci. "Yaşlı zencinizi hep azarlarsınız zaten. Şaka yapıyorum canım. Bi böcekten mi korkucam! Hiç korkum yok." İpin ucunu çekinerek tuttu ve böceği kendinden olabildiğince uzak tutup ağaca tırmanmaya hazırlandı.

Amerikan ormanlarının en güzel ağacı olan lale ağacının, yani *Liriodendron Tulipiferum*'un gençliğinde gövdesi şaşılacak kadar düzdür; yan dalları ancak epey yukarılarda başlar. Ama yaşlandıkça kabuğu tırtıklı ve çıkıntılı bir hal alır, gövdesinde de küçük dallar baş gösterir. Bu yüzden Jupiter'in o ağaca tırmanması göründüğünden daha kolaydı. O dev silindire kolları ve dizleriyle olabildiğince sarıldıktan sonra çıkıntılara elleriyle tutunup çıplak topuklarıyla dallara basa basa tırmanmaya başladı. Bir iki kez düşmekten kılpayı kurtulduktan sonra sonunda ilk büyük çatala ulaştı. İşin zor kısmını atlattığı için rahatlamıştı. Yerden yirmi metre kadar yüksekte olmasına karşın artık düşme riski epey azalmıştı.

"Şimdi ne tarafa gideyim efendim?" diye sordu.

"Şu yan taraftaki, en büyük dala çık," dedi Legrand. Zenci hemen itaat etti. Dala zorlanmadan çıktı. Giderek yükseliyordu. Sonunda sık yaprakların arasında kayboldu. Derken seslendiğini işittik:

"Daha ne kadar çıkacağım?"

"Ne kadar yüksektesin?" diye sordu Legrand.

"Epey yüksekteyim," dedi zenci. "Göğü görebiliyorum."

"Göğü boşver şimdi. Beni dinle. Aşağı bak ve altındaki, senin tarafındaki dalları say. Kaç tane var?"

"Bir, iki üç, dört, beş tane –bu tarafta beş tane dal var efendim."

"Öyleyse bir tane daha çık."

Zenci birkaç dakika sonra tekrar seslendi. Yedinci dala ulaşmıştı.

"Şimdi Jupiter," diye seslendi Legrand heyecanlı bir sesle, "O dalın üstünde olabildiğince gitmeni istiyorum. Tuhaf bir şey görürsen bana haber ver."

Artık zavallı dostumun delirdiğinden şüphem kalmamıştı. Onu eve nasıl götüreceğimi kara kara düşünmeye başladım. Ne yapacağımı düşünürken Jupiter tekrar seslendi.

"Bu dalda fazla ilerlemeye korkuyorum –baştan aşağı kurumuş."

"*Kurumuş* mu dedin Jupiter?" diye haykırdı Legrand titrek bir sesle.

"Evet efendim. Kupkuru. Kesinlikle ölmüş. Kurumuş."

"Şimdi ne halt edeceğim?" diye sordu Legrand. Epey kaygılı görünüyordu.

Konuşma fırsatı bulduğuma sevinmiştim. "Tabii ki evine gidip yatacaksın," dedim. "Haydi gel! Haydi. Vakit geç oldu. Söz verdin, unutma."

"Jupiter," diye seslendi bana aldırmadan. "Duyuyor musun?"

"Evet efendim. Çok iyi duyuyorum."

"Bıçağınla dalı biraz kes. Bakalım *çok* mu çürük?"

"Çürümüş," dedi zenci birkaç dakika sonra, "ama çok çürümemiş. Tek başıma olsam dalda biraz ilerleyebilirim."

"Tek başına olsan mı! Ne demek istiyorsun?"

"Böceği kastediyorum. *Çok* ağır. Böceği atarsam dal beni taşır."

"Alçak herif!" diye haykırdı Legrand. Epey rahatlamış görünüyordu. "Yeter artık. Saçmalamayı kes. O böceği atarsan boynunu kırarım senin. Duydun mu beni Jupiter?"

"Evet efendim. Zavallı zencinizi böyle azarlamanıza gerek yok."

"Güzel! Şimdi iyi dinle! O dalın üstünde böceği düşürmeden gidebildiğin kadar git. Aşağı iner inmez sana bir gümüş dolar vereceğim."

"Gidiyorum efendim," dedi zenci hemen. "Ucuna geldim sayılır."

"*Ucuna mı!*" diye çığlığı bastı Legrand. "Dalın ucuna mı geldin?"

"Geldim sayılır efendim. Aaa! Bu da nesi? Dalda bi şey var!"

"Ya!" diye seslendi Legrand. Neşesi birden yerine gelmişti. "Neymiş?"

"Bi kurukafa. Biri buraya bırakmış, kargalar da didik didik etmiş. Üstünde et met kalmamış."

"Kurukafa mı dedin! Harika. Dalın üstünde nasıl duruyor peki? Onu tutan bir şey mi var?"

"Herhalde efendim. Bi bakayım. Vay canına! Bu çok tuhaf efendim. Dala çivilenmiş. Koca bi çiviyle."

"Tamam Jupiter. Şimdi söylediklerimi harfiyen yap. Duyuyor musun?"

"Evet efendim."

"Kulağını aç öyleyse. Kurukafanın sol gözünü bul."

"Hımm! İyi ama bunun sol gözü yok ki."

"Salak herif! Sol elin hangisi biliyor musun?"

"Evet, biliyorum. Kesinlikle biliyorum. Sol elim ağaç keserken kullandığım elimdir."

"Evet! Sen solaksın. Sol gözün de sol elinle aynı tarafta. Herhalde artık kurukafanın sol gözünü ya da sol gözün ne tarafta olduğunu bulursun. Eee, buldun mu?"

Uzun bir sessizlik oldu. Sonunda zenci sordu:

"Kurukafanın da sol gözü sol eliyle aynı tarafta mı? Kurukafanın eli yok da. Neyse, boşverin! Sol gözünü buldum bile. İşte sol gözü! Şimdi ne yapayım?"

"Böceği içinden geçirip sarkıtabildiğin kadar sarkıt. Ama sakın ipi elinden kaçırayım deme."

"Yaptım efendim. Böceği geçirmek kolay oldu. Şimdi sarkıyor. Aşağıdan bakarsanız görürsünüz!"

Bu karşılıklı konuşma sırasında Jupiter'i göremiyorduk. Ama şimdi sarkıttığı böceği görebiliyorduk. İpin ucunda, günün son ışıklarında altın bir küre gibi parlıyordu. *Scarabaeus* dalların epey uzağındaydı ve bırakılırsa ayaklarımızın dibine düşerdi. Legrand hemen tırpanı kaptı ve böceğin tam altına üç dört metre çapında bir çember çizdi. Sonra Jupiter'e ipi bırakmasını ve ağaçtan inmesini söyledi.

Böceğin tam düştüğü yere bir kazık çakan arkadaşım daha sonra cebinden bir şerit metre çıkardı. Bunun bir ucunu ağacın gövdesinin kazığa en yakın kısmına taktıktan sonra açarak kazığa kadar gitti. Buradan sonra da aynı yönde açmayı sürdürdü. Böyle on beş metre yürüdü. Jupiter çalıları tırpanıyla ayırıp ona yol açıyordu. Legrand bu ikinci noktaya da bir kazık çaktı ve bunun da etrafına, bu kez bir bir buçuk metre çapında bir çember çizdi. Sonra kürekleri aldı. Jupiter ile bana birer kürek verip üçüncüsünü de kendisi alarak olabildiğince hızlı kazmamızı söyledi.

Kürekle kazmak zaten pek hoşlandığım bir iş değildir; o andaysa özellikle tatsızdı; çünkü gece oluyordu ve çok yorgundum. Ama başka çarem yoktu; reddedip zavallı dostumu sinirlendirmekten korkuyordum. Jupiter'e güvenebileceğimi bilsem o deliyi hiç duraksamadan evine zorla götürmeye çalışırdım. Ama ihtiyar zencinin huyunu suyunu iyi biliyordum; ne olursa olsun efendisine karşı benim tarafımı tutmazdı. Legrand Güneylilerin sayısız define masalından birini duymuş, *Scarabaeus*u bulunca da bu masalın doğru olduğuna iyice inanmıştı. Jupiter'in, böceğin "gerçek altından" olduğunda ısrar etmesinin de bunda payı olabilirdi: Delirmeye yatkın biri kendini böyle fikirlere kolayca kaptırabilir –hele kendi inançlarıyla örtüşüyorsa. Sonra "böcek ve talih" konusunda yaptığı konuşmayı hatırladım. Bu iş canımı sıkmış, kafamı karıştırmıştı. Sonunda canla başla kazmaya karar verdim. Hiçbir şey bulamayınca dostum yanıldığını anlayacaktı.

Fenerleri yaktıktan sonra hızla işe koyulduk. Neyse ki işimiz mantıklı bir amaca hizmet ediyordu. Fener ışıkları altında, elimizde aletlerimiz, herhalde çok tuhaf görünüyorduk. Civardan geçen biri bizi görse yaptığımız işi oldukça kuşku uyandırıcı bulurdu şüphesiz.

İki saat durmadan kazdık. Pek konuşmadık. Ama yaptığımız işle giderek daha fazla ilgilenen köpeğin havlayıp durması sinirimizi bozuyordu. Sonunda öyle bir yaygara koparmaya başladı ki, civardaki insanların dikkatini çekeceğinden korkmaya başladık –daha doğrusu Legrand korkmaya başladı. Birileri çıkıp gelse ben şahsen memnun olurdum; dostumu eve geri götürmem mümkün olurdu bu sayede. Jupiter sonunda köpeği çok etkili bir yöntemle susturdu. Çukurdan fırladığı gibi hayvanın ağzını pantolon askılarından biriyle bağladı ve sonra kıkırdayarak işine geri döndü.

İki saatin sonunda bir buçuk metrelik bir çukur kazmıştık. Ama ortada hâlâ defineden eser yoktu. Hepimiz durduk. Bu saçmalığın sona erdiğini umuyordum. Ama Legrand, epey kaygılı görünse de, alnını düşünceli bir edayla sildikten sonra tekrar kazmaya başladı. Çapı bir buçuk metre olan çemberin neredeyse tamamını kazmıştık. Kaza kaza yarım metre daha indik. Ama hâlâ bir şey bulamamıştık. Sonunda dostum yüzünde müthiş bir hayal kırıklığıyla çukurdan çıktı. Ona çok acıyordum. Kazmaya başlarken fırlatıp atmış olduğu ceketini yavaşça ve gönülsüzce giydi. Tek kelime etmedim. Jupiter efendisinden işaret alınca aletleri toplamaya başladı. Onları toplayıp köpeğin de ağzını çözdükten sonra hep birlikte eve dönmek üzere yola çıktık. Ağzımızı bıçak açmıyordu.

On on beş adım atmıştık ki Legrand birden küfürler savurarak Jupiter'in yakasına yapıştı. Neye uğradığını şaşıran zenci gözleriyle ağzını sonuna kadar açtı, kürekleri elinden düşürdü ve diz çöktü.

"Alçak!" dedi Legrand, heceleri kenetlenmiş dişlerinin arasından tıslayarak. "Seni iğrenç kara haydut seni! Konuş! Konuş diyorum sana! Çabuk söyle! Lafı dolandırma! Sol gözün hangisi senin?"

"İşte, sol gözüm bu değil mi efendim?" diye haykırdı Jupiter dehşetle, eliyle *sağ* gözünü kapayarak. Sanki efendisinin gözünü oymasından korkuyordu.

"Tam düşündüğüm gibi. Biliyordum! Yaşasın!" diye haykırdı Legrand. Zenciyi bıraktı ve dans etmeye başladı. Uşağı hayretler içinde kalmıştı. Ayağa kalkıp hiç konuşmadan bir efendisine, bir bana baktı.

"Haydi! Geri dönüyoruz," dedi Legrand. "Oyun daha bitmedi." Lale ağacına yöneldi yeniden.

"Jupiter," dedi ağacın dibine varınca. "Buraya gel! Kurukafa dala nasıl çivilenmişti? Yüzü aşağı mı bakıyordu yukarı mı?"

"Yukarı bakıyordu efendim. Kargalar gözlerini rahatça oyabilsin diye."

"Peki böceği hangi gözden geçirdin? Bundan mı şundan mı?" Jupiter'in iki gözüne de dokundu.

"Bundan efendim yani sol gözden, tıpkı bana söylediğiniz gibi," dedi zenci. Sağ gözünü tutuyordu eliyle.

"Anladım. Tekrar deneyelim şimdi."

Arkadaşımın deliliğinde bir belli yöntem izlediğinin belirtilerini görmeye ya da gördüğümü sanmaya başlamıştım artık. Böceğin düştüğü yerdeki kazığı çıkarıp yedi buçuk santim kadar batıya sapladı. Sonra şerit metresini çıkardı ve daha önce yaptığı gibi ağaç gövdesinin en yakın kısmından başlayarak, şerit metreyi açarak düz bir hatta yürümeye başladı. On beş metre yürüdükten sonra vardığı nokta kazı yaptığımız yerin metrelerce uzağındaydı.

Buraya da bir çember çizdi. Bu diğerinden daha genişti. Sonra tekrar kazmaya başladık. Müthiş yorulmuştum, ama neden bilmem artık kazmak canımı sıkmıyordu. Yaptığımız işe tuhaf bir şekilde ilgi duymaya –hatta heyecanlanmaya başlamıştım. Belki de Legrand'ın –abartılı da olsa– tavırlarındaki kararlılıktan etkilenmiştim. Hevesle kazarken bir yandan da neredeyse o hazineyi, zavallı dostumun aklını başından alan o hazineyi bulmayı beklemeye başladığımı fark ediyordum. Bir buçuk saat sonra, bu tuhaf düşüncelere kendimi iyice kaptırmışken, köpek yine havlamaya başladı. Bu kez daha önceki gibi oyuncu ya da huysuz bir havayla havlamıyordu. Sert ve ciddi havlamalardı bunlar. Jupiter yine ağzını bağlamaya kalkınca ona direndi ve çukurun içine atlayıp yeri pençeleriyle çılgınca kazmaya başladı. Birkaç saniye sonra ortaya bir insan kemiği yığını çıkmıştı. Bunlar iki iskelete aitti. Aralarında bir sürü metal düğme ve çürük yün tozu vardı. Bir iki kürek darbesi ortaya uzun bir İspanyol bıçağı çıkardı. Biraz daha kazınca üç dört altın ve gümüş sikke bulduk.

Jupiter bunları görünce büyük bir sevince kapıldı. Ama efendisinin suratı asılmıştı. Ama bize kazmayı sürdürmemizi söyledi. Tam o sırada çizmemin topuğu bir şeye takıldı ve tökezleyip yere kapaklandım; iri bir metal halkanın yarısıydı takıldığım şey, gevşek toprağın üstüne çıkmıştı.

Bu kez ciddi olarak işe koyulduk. Hayatımın en heyecanlı on dakikası içinde topraktan uzun bir tahta sandık çıkardık. Sapasağlamdı sandık, hiç çürümemişti, bir mineralle –belki cıva bikloridle korunmuş olsa gerekti. Sandık bir metre uzunluğunda, doksan santim genişliğinde ve yetmiş beş santim yüksekliğindeydi. Dövme demirden kafes gibi sık perçinlenmiş bantlarla sağlamlaştırılmıştı. Sandığın yan taraflarında, üst kısıma yakın üçer demir halka vardı –yani toplam altı tane–. Altı kişinin sandığı ancak taşıyabildiği anlaşılıyordu bundan. Biz ise onu sadece biraz yerinden oynatabildik; kaldıramayacağımız kadar ağırdı. Neyse ki kapağında sadece iki tane sürgü vardı. Bunları heyecandan titreyerek ve soluk soluğa çekip açtık. Birden karşımızda paha biçilmez bir hazine, bir altın ve mücevher yığını belirdi. Bunlar fenerlerin ışığında öyle parlıyordu ki gözlerimiz kamaştı.

O anki hislerimi anlatamam. En baskın olanı şaşkınlıktı elbette. Legrand'ın heyecandan eli ayağı tutmaz olmuştu. Pek konuşmuyordu. Jupiter'in bile birkaç dakikalığına beti benzi attı –bir zencinin benzinin atabileceği kadar. Afallamış, hayretten donakalmış gibiydi. Sonra çukurda diz çöktü ve çıplak kollarını dirseklerine kadar altın yığınına daldırıp öylece durdu; sanki bir banyonun tadını çıkarıyordu. Sonunda derin derin iç geçirdi ve kendi kendine konuşurcasına "Bütün bunları altın böceğin sayesinde bulduk! Güzelim altın böcek! Zavallı minicik altın böcek! Oysa ben sana neler söyledim! Kendinden utanmıyor musun zenci? –Cevap ver!"

Sonunda hem uşağı, hem de efendisini hazineyi götürmemiz gerektiği konusunda uyarmak zorunda kaldım. Vakit epey ilerlemişti ve her şeyi gün doğmadan eve götürmeliydik. Bunu nasıl yapacağımıza karar vermek kolay değildi. Bu konuda epey tartıştık. Her kafadan bir ses çıkıyordu. Sonunda sandığın içindekilerin üçte ikisini boşalttık. Böylece hafifleyen sandığı güçlükle de olsa çukurdan çıkarabildik. Boşalttığımız altın ve mücevherleri çalıların arasına gizledik. Başlarına da köpeği bekçi bıraktık. Jupiter ona ne olursa olsun yerinden ayrılmamasını ve biz geri dönene kadar çenesini açmamasını sıkı sıkı tembih etti. Sonra sandığı taşıyarak telaşla eve doğru yola koyulduk. Saat birde kulübeye sağ salim vardığımızda kılımızı kıpırdatacak halimiz kalmamıştı. İkiye kadar dinlendik ve karnımızı doyurduk. Sonra hemen tepelere doğru yeniden yola çıktık. Yanımıza evde bulduğumuz üç çuvalı almıştık. Saat dörde yaklaşırken çukura vardık. Definenin kalanını olabildiğince eşit pay ettikten sonra çukurları doldurmadan bırakıp tekrar kulübeye döndük. Altın dolu çuvalları buraya bıraktığımızda şafağın ilk hafif ışıkları doğudaki ağaçların tepesinde belirmişti.

Artık gerçekten tükenmiştik. Ama öyle heyecanlıydık ki gözümüze uyku girmiyordu. Üç dört saat yataklarımızda dönüp durduktan ve uyukladıktan sonra sözleşmişçesine hep birden kalkıp hazinemizi incelemeye giriştik.

Sandığı bulduğumuzda ağzına kadar doluydu. Bütün günü ve ertesi gecenin çoğunu içindekileri incelemekle geçirdik. Altın ve mücevherler içine gelişigüzel doldurulmuştu. Hepsini titizce düzene sokunca, elimizdeki servetin ilk başta sandığımızdan bile fazla olduğunu anladık. Madeni paraların tutarı dört yüz elli bin dolardan fazlaydı. Bunların değerini o zamanki çizelgelere göre olabildiğince doğru hesaplamaya çalışmıştık. Aralarında tek bir gümüş sikke bile yoktu. Hepsi altındı. Çeşitli ülkelere ait ve oldukça eski paralardı. Fransız, İspanyol ve Alman sikkelerinin arasında birkaç İngiliz parası da vardı. Bazı sikkeleri de ilk kez görüyorduk. Bazı çok büyük ve ağır paraların üstündeki yazılar okunmaz hale gelmişti. Sandıktan Amerikan parası çıkmamıştı. Mücevherlerin değerini hesaplamak daha zor oldu. Yüz on tane elmas vardı. Bazıları çok iri ve güzel kesimliydi; diğerleri de ufak sayılmazdı. On sekiz tane göz kamaştırıcı yakut, üç yüz on tane birbirinden güzel zümrüt, yirmi bir tane safir ve bir tane opal vardı. Bu mücevherler yuva ve tırnaklarından çıkarılmış, sandığın içine atılmıştı. Bu yuva ve tırnakların bulunduğu metal takılar çekiçle dövülüp tanınmaz hale getirilmişti.

Ayrıca som altından çok sayıda süs eşyası da vardı: İki yüz kadar büyük yüzük ve küpe; otuz kadar zincir; seksen üç tane çok büyük ve ağır haç; beş tane çok değerli altın buhurdan; dev bir altın punç kâsesi (üstünde şarap yaprağı ve içki âlemi resimleri vardı); zarif kabartma desenlerle bezeli iki kılıç sapı; ve şimdi anımsayamadığım daha pek çok ufak tefek şey. Bunların toplam ağırlığı yüz elli kilodan fazlaydı; ki bu hesaba yüz doksan yedi muhteşem altın cep saatini eklemedim. Bunların arasında üç tanesi vardı ki, her birinin değeri en az beş yüz dolar ederdi. Çoğu çok eski ve paha biçilmez değerdeydi. Hepsi az-çok paslanmıştı –ama hepsi de mücevherlerle bezeliydi ve son derece değerli mahfazaların içindeydi. O gece sandığın içindekilerin toplam değerinin bir buçuk milyon dolar olduğunu tahmin ettik. Daha sonra yüzük, düğme ve mücevherleri elden çıkardığımızda (birkaçını kendimize ayırdık) yaptığımız ilk tahminin hazinenin gerçek değerinin oldukça altında olduğunu gördük.

Sonunda incelememizi bitirdiğimizde heyecanımız biraz yatışmıştı. Legrand bu olağanüstü bulmacanın sırrını öğrenmek için sabırsızlandığımı görünce, bana ayrıntılı bir açıklama yaptı.

"Sana *scarabaeus*un kabaca bir taslağını çizdiğim geceyi anımsıyorsundur. Çizdiğim resmin bir kurukafaya benzediğini söylemen epey canımı sıkmıştı; bunu da anımsarsın. İlk başta şaka yaptığını sandım. Ama sonra böceğin sırtındaki tuhaf benekleri anımsayınca biraz haklı olabileceğini kabul etmek zorunda kaldım. Yine de çizgilerimle alay etmen sinirimi bozmuştu, çünkü iyi bir ressam olarak tanınırım. Bu yüzden parşömeni bana verdiğinde onu az daha öfkeyle buruşturup ateşe atacaktım."

"Kâğıt parçasını demek istiyorsun," dedim.

"Hayır. Kâğıda çok benzediği için başta ben de öyle sandım. Ama üstüne resim çizerken çok ince bir parşömen parçası olduğunu hemen anladım. Çok kirliydi, hatırlarsın. Dediğim gibi, tam onu buruşturup atacaktım ki, birden gözüm çizmiş olduğum resme ilişti. Böceğin yerinde kurukafayı görünce hayretler içinde kaldım. Bir an doğru dürüst düşünemeyecek kadar afalladım. Çizdiğim resmin ayrıntılarının bundan çok farklı olduğunu biliyordum –genel görünüşleri benzese de. Bunun üzerine elime bir mum alıp odanın diğer ucuna gittim ve parşömeni daha yakından incelemeye başladım. Parşömeni çevirip resmime tersten baktım. Aynen çizdiğim gibi görünüyordu. Aslında parşömenin diğer yüzünde, çizdiğim *scarabaeus* resminin hemen arkasında bir kurukafa resmi vardı. Üstelik hem şekli, hem de boyutları çizdiğim resme çok uyuyordu. Bu büyük rastlantı beni şaşırtmıştı, hatta bir süreliğine kesinlikle afallatmıştı; bilirsin, böyle rastlantılar insanda bu etkiyi yaratır. Zihin bir bağlantı –bir sebep-sonuç ilişkisi– kurmaya çalışır. Bunu yapamayınca da geçici de olsa bir dumura uğramışlık hali yaşar. Ama kendime gelince, bu rastlantıdan daha da şaşırtıcı bir şeyin farkına varmaya başladım. *Scarabaeus*u çizmeye başladığımda parşömenin üstünde *resim filan yoktu*. Buna emindim, çünkü en temiz yeri bulmak için parşömenin iki yüzüne de baktığımı hatırlıyordum. Kafatası o sırada orada olsa, mutlaka fark ederdim. İşte bu gerçekten açıklayamadığım bir gizemdi; ama o anda, daha her şeyin başındayken bile sanki zihnimin en gizli ve kuytu bir köşesinde hafif bir ışık parladı; dün geceki muhteşem macerayı yaşamamızı sağlayan gerçeği bir an kavrar gibi oldum. Hemen ayağa kalktım ve parşömeni güvenli bir yere koyduktan sonra, bu konuyu daha sonra yalnız kaldığımda düşünmek üzere kafamdan attım.

"Sen gidince ve Jupiter de uykuya dalınca, bu meseleyi daha sistemli bir şekilde incelemeye koyuldum. Her şeyden önce parşömenin nasıl elime geçtiğini düşündüm. *Scarabaeus*u anakaranın sahilinde, adanın bir mil kadar doğusunda, suyun yükselme seviyesinin biraz üstünde bulmuştum. Elime alınca beni ısırmıştı. Bu yüzden onu bırakmıştım. Jupiter her zamanki gibi ihtiyatlı davranmış, ona doğru kaçan böceği tutmakta kullanabileceği, yaprak ya da benzeri bir şey aranmıştı. Tam o anda ikimizin de gözüne o parşömen parçası ilişti. Bunu kâğıt sandım. Kuma gömülüydü ve bir ucu yukarı çıkmıştı. Onu bulduğumuz yerin biraz ötesinde bir gemi enkazı dikkatimi çekmişti. Enkaz epeydir orada duruyor gibiydi. Artık neredeyse gemiye benzer hali kalmamıştı.

"Jupiter parşömeni alıp böceği bununla sardı ve bana verdi. Az sonra eve doğru yola çıktık. Yolda Teğmen G—— ile karşılaştım ve ona böceği gösterdim. Böceği ödünç vermem için ısrar etti. Onu kaleye götürmek istiyordu. Ben razı olunca, böceği hemen cebine attı. O böceği incelerken ben parşömeni elinde tutuyordum. Teğmen bunu almamıştı. Belki fikrimi değiştirmemden korkuyordu ve en iyisinin böceği bir an önce cebine atmak olduğunu düşünmüştü. Doğa bilimlerine ne kadar düşkün olduğunu bilirsin. Ben de o sırada farkında olmadan parşömeni cebime atmış olmalıyım.

"Böceğin resmini çizmek istediğimde önce masaya gittiğimi, ama orada kâğıt bulamadığımı anımsarsın. Çekmeceye bakmış, orada da bulamamıştım. Belki eski bir mektup bulurum diye umarak ceplerimi yokladığımda elim parşömene dokundu. Sana onun elime nasıl geçtiğini ayrıntılarıyla anlatıyorum, çünkü beni çok etkiledi.

"Hayal gücümün fazla çalıştığını düşüneceksin –ama o sırada bile bir takım *bağlantılar* kurmuş, büyük bir zincirin iki halkasını birbirine geçirmiştim. Bir kumsalda bir gemi enkazı yatıyordu. Enkazın biraz ötesinde üstünde bir kurukafa resmi olan bir parşömen *–kâğıt değil–* vardı. Bana 'İyi güzel de, bağlantı nerede?' diye soracaksın. Yanıtım şu: Kurukafa korsanların bildik simgesidir; bütün çatışmalarında direğe kurukafalı bayrak çekerler.

"O ufak parçanın kâğıt değil parşömen olduğunu söylemiştim. Parşömen dayanıklıdır – kolay kolay çürüyüp yırtılmaz. Üstüne bir şey yazılıp çizilmeye kâğıt kadar elverişli olmadığı için parşömene önemsiz şeyler yazılmaz genellikle. Bu yüzden o kurukafanın bir anlamı olmalıydı. Parşömenin *şekli* de dikkatimi çekmişti. Köşelerinden biri yırtılmış olsa da, ilk başta dikdörtgen şeklinde olduğunu anlayabiliyordum. Uzun süre akılda kalması ve titizlikle saklanması gereken bir şeyi kaydetmek için biçilmiş kaftandı."

"Ama," diye sözünü kestim, "böceğin resmini çizdiğinde kurukafanın parşömenin üstünde *olmadığını* söyledin. Öyleyse gemi enkazı ile kurukafa arasında nasıl bağlantı kurdun –eğer o kurukafa söylediğin gibi, *scarabaeus*u çizmenden önce birileri (kimin nasıl çizdiğini Tanrı bilir) tarafından çizildiyse?"

"Ah, işte işin sırrı da burada zaten. Ama bunu çözmem zor olmadı. Attığım her adım sağlamdı ve tek bir sonuca ulaştırabilirdi. Şöyle mantık yürütüyordum: *Scarabaeus*u çizdiğim sırada parşömenin üstünde kurukafa resmi görülmüyordu. Resmi sana verdikten sonra gözüm üstündeydi; yani kurukafayı *sen* de çizmemiştin ve bunu çizecek başka biri de yoktu. Demek ki onun belirmesi insan işi değildi. Ama yine de belirmişti işte.

"Düşüncelerimin bu kısmında o sırada olan her şeyi ayrıntılarıyla hatırlamaya çalıştım ve bunu *başardım* da. Hava buz gibiydi (büyük bir talih eseri!). Ocakta ateş yanıyordu. Yürümek beni ısıtmıştı, bu yüzden masaya oturmuştum. Sense ocağın başına bir koltuk çekmiştin. Tam parşömeni sana verirken Köpeğim Wolf içeri girdi ve omuzlarına atladı senin. Onu sol elinle okşarken parşömeni tutan sağ elini dizlerinin arasına koydun. Böyece ateşe yaklaşmış oldu. Bir an tu-

tuştuğunu sandım. Tam seni uyaracaktım ki, parşömeni kaldırdın ve incelemeye başladın. Bu ayrıntılar üstünde düşününce, parşömenin üstündeki kurukafa resmini ortaya çıkaran etkenin *ısı* olduğundan şüphem kalmadı. Bildiğin gibi çok eski zamanlardan beri bir takım kimyasal maddeler sayesinde kâğıt ya da tirşe üstüne ancak ısıtılınca ortaya çıkan yazılar yazmak mümkündür. *Aqua regia*[6] ile karıştırılan ve ağırlığının dört katı sulandırılan kâfur yeşil renkli, güherçile ruhunda eritilen kobalt tortusu ise kırmızı bir mürekkep oluşturur. Bu mürekkeplerle yazılan yazılar bir süre sonra kaybolur, ama ısıtılınca tekrar ortaya çıkar.

"Sonra kurukafayı dikkatle incelemeye başladım. Dış kenarları –papirüsün kenarına en yakın olan kısımları– diğerlerinden daha *belirgindi*. Isı her tarafına tam etki edememişti demek ki. Hemen bir ateş yaktım ve parşömenin her tarafını buna tuttum. İlk başta kurukafanın silik hatları biraz belirginleşti, o kadar. Ama bu deneye devam edince, sonunda parşömenin kurukafa resminin çaprazındaki köşesinde bir şekil belirdi. Bunu ilk başta bir keçi sandım. Ama yakından inceleyince oğlak olduğunu gördüm."

"Ha ha!" dedim gülümseyerek. "Biliyorum, gülmemem gerek. Bir buçuk milyon papel gülünecek bir meblağ değil. Ama şimdi zincirine üçüncü bir halka eklemeye kalkmazsın demek istiyorum –korsanlarla bir keçi arasında da bağlantı kurmaya çalışmayacaksın herhalde. Korsanların keçilerle

6) Nitrik ve hidroklorik asitten oluşan bir karışım.

uzaktan yakından ilgisi yoktur biliyorsun. Keçilerle çiftçilerin ilgisi vardır."

"Ama keçi *olmadığını* söyledim ya."

"Ha keçi, ha oğlak. Ne fark eder?"

"Küçük bir fark var," dedi Legrand. "*Kaptan* Kidd[7] diye birinden bahsedildiğini duymuşsundur. Bu hayvanın, bir cinas ya da hiyeroglif tarzı bir imza olarak resmedildiğini hemen anladım. İmza diyorum, çünkü parşömen üzerinde bulunduğu yer imza olması gereken noktaydı. Çapraz köşedeki kurukafa da bir damga ya da mühür olmalıydı. Ama başka bir şey –bir içerik, bir yazı olmaması beni hayal kırıklığına uğratmıştı."

"Herhalde mühürle imza arasında bir mektup olacağını ummuştun."

"Onun gibi bir şey. Aslında elime büyük bir hazine geçeceğini hissetmeye başlamıştım. Neden bilmem. Belki de bu, inançtan çok bir arzuydu. Jupiter'in saçma sapan sözlerini anımsıyor musun? Hani böceğin gerçek altından olduğunu iddia etmişti. İşte bu sözler hayal gücümü derinden etkiledi. Sonra o rastlantılar dizisi *–öyle* sıradışıydı ki. Her şeyin ne kadar büyük rastlantılar sayesinde gerçekleştiğinin farkında mısın? O gün senenin ateş yakmayı gerektirecek kadar soğuk *tek* günüydü. Ateş yanmasa, köpek de tam o sırada içeri girmese kurukafanın farkına asla varamaz ve defineyi ele geçiremezdim."

"Anlatmaya devam et. Sabırsızlanıyorum."

---

7) Kid, oğlak demektir.

"Tamam. Kidd ile adamlarının Atlantik sahilinde bir yerlere para gömdüklerine dair binlerce söylenti vardır; işitmişsindir. Bu söylentiler bir gerçeğe dayanıyor olmalıydı. Ve öyle uzun süredir devam ediyorlardı ki, bence bunun tek bir anlamı olabilirdi: Define *hâlâ* gömüldüğü yerdeydi. Kidd yağmaladıklarını gömdükten bir süre sonra çıkarmış olsa, söylentiler hiç değişmeden hâlâ sürmezdi. Dikkat edersen bu söylentilerde hep define arayanlardan bahsedilir, define bulanlardan değil. Korsan, parasını gömdüğü yerden almış olsa bu konu kapanırdı. Bence bir kaza adamın hazinesini geri almasını engelledi –belki define haritasını kaybetmişti. Adamları bu kazadan haberdar oldu. Belki bu kaza olmasa hazinenin saklandığını bile öğrenemeyeceklerdi. Sonra defineyi aramaya giriştiler, ama ellerinde harita olmadığından başarılı olamadılar. Böylece şimdi oldukça yaygın olan söylentiler doğdu. Sahil şeridinde büyük bir definenin bulunduğunu işittin mi hiç?"

"Hayır."

"Ama Kidd'in topladığı servetin muazzam olduğunu herkes biliyor. Bu yüzden definenin hâlâ gömüldüğü yerde olduğuna kanaat getirdim. O parşömenin de definenin gömüldüğü yeri gösteren, uzun süre önce kaybolmuş bir harita olduğundan neredeyse hiç şüphem kalmadı."

"Peki sonra ne yaptın?"

"Parşömeni tekrar ateşe tuttum. Bu kez ısıyı artırmıştım. Ama üstünde hiçbir şey belirmedi. Bunun üzerine belki kirli olduğu için sonuç alamadığımı düşünmeye başladım. Parşömeni sıcak suyla bir güzel temizledim. Sonra kalaylı bir tepsinin içine, kurukafa alta bakacak şekilde koydum. Tepsiyi bir ocağın üstüne yerleştirip ocağı kömürle yaktım. Tepsi birkaç dakika sonra iyice ısınınca parşömeni aldım. Bu kez üstünde çeşitli yerlerde sıra sıra dizili şekiller görünce büyük bir sevince kapıldım. Yine tepsiye koyup bir dakika daha beklettim. Sonra tekrar elime alınca, üstünde şunları gördüm."

Legrand parşömeni yeniden ısıttıktan sonra bana uzattı. Kurukafa ile oğlağın arasında kırmızı mürekkeple yazılmış şu karakterler vardı:

"53‡‡†305))6*;4826)4‡.)4‡);806*;48†8¶60))85;1‡(;:‡*8
†83(88)5*†;46(;88*96*?;8)*‡(;485);5*†2:*‡(;4956*2(5*—
4)8¶8*;4069285);)6†8)4‡‡;1(‡9;48081;8:8‡1;48†85;4)485†
528806*81(‡9;48;(88;4(‡?34;48)4‡;161;:188; ‡?;"

"İyi ama," dedim, ona parşömeni geri vererek, "bunlar bana hiçbir şey ifade etmiyor ki. Golconda'nın[8] bütün mücevherlerini verseler bile bu bulmacayı çözemem."

"Bu şekillere üstünkörü baktın. Oysa çözümleri sandığın kadar zor değil. Bunların bir şifre olduğunu anlamışsındır herhalde. Yani her birinin bir anlamı var. Ama Kidd hakkında bildiklerimden çıkardığım kadarıyla, çok zor bir şifre kullanmış olamazdı. Bu yüzden bunun basit bir şifre olduğuna karar verdim. Ama basit bir denizciye, anahtarı olmadan çö-

8) Hindistan'da bir şehir. Onaltıncı yüzyılda elmasçılığıyla ünlüydü.

zülmesi olanaksız bir şifre gibi gelecekti."

"Ve onu gerçekten çözdün ha?"

"Kolaylıkla. On bin kat daha zorlarını çözmüştüm. Koşullar ve meraklarım yüzünden böyle bulmacalara düşkünümdür. Bence insan zekâsının ürünü olan her bulmaca yine insan zekâsı tarafından çözülebilir. Aslında şekilleri açık seçik görünce anlamlarını çözmek basit geldi.

"Bütün şifreli yazılarda ilk mesele şifrenin *dilini* bulmaktır. Çünkü çözüm ilkeleri, özellikle de basit şifrelerde, kullanılan dile göre değişir. Şifreyi çözmeye çalışan kişinin genelde bildiği her dili, olasılık hesaplarını göz önüne alarak, doğru olanı bulana kadar denemekten başka seçeneği yoktur. Ama parşömendeki imza bu konudaki tüm güçlükleri ortadan kaldırmıştı. 'Kidd' sözcüğündeki cinas İngilizceden başka bir dilde yapılamaz. Bu sözcük oyunu olmasa işe İspanyolca ve Fransızcayla başlardım. Çünkü sonuçta elimdeki şifreli yazı İspanyol bir korsan tarafından yazılmıştı. Ama o imza sayesinde şifrenin İngilizce yazıldığını anladım.

"Sözcükler arasında boşluk olmadığı dikkatini çekmiştir. Boşluklar olsa şifreyi çözmek kolaylaşacaktı. Bu durumda en kısa sözcükleri karşılaştırarak incelerdim ve tek bir kelimeyi bulunca, örneğin *a*[9] ya da *I*[10], gerisi kolayca gelirdi. Ama hiç boşluk olmadığından, ilk adımım en çok ve en az tekrarlanan harfleri saptamak oldu. Hepsini saydıktan sonra şöyle bir liste çıkardım:

---

9) İngilizcede "bir".
10) İngilizcede "ben".

8	karakterinden	33	tane
;	"	26	"
4	"	19	"
‡)	"	16	"
*	"	13	"
5	"	12	"
6	"	11	"
†1	"	8	"
o	"	6	"
92	"	5	"
:3	"	4	"
?	"	3	"
¶	"	2	"
—	"	1	" var.

"Biliyorsundur, İngilizcede en çok kullanılan harf *e* harfidir. Diğer harfler kullanım sırasına göre şöyle dizilir: *A o i d h n r s t u y c f g l m w b k p q x z*. *E* öyle sık kullanılan bir harftir ki, içinde yer almadığı uzun sözcük yok gibidir.

"Yani işe rasgele tahminler yaparak başlamak zorunda değiliz. Bu listeyi genelde nasıl kullanabileceğimiz ortada –ama bu şifreli yazıyı çözmekte ona pek az başvuracağız. En çok kullanılan karakter 8 olduğundan, işe bunun alfabedeki *e* harfine karşılık geldiğini varsayarak başlayacağız. Bu varsayımı doğrulamak için 8'in çift kullanılıp kullanılmadığına bakalım. Çünkü *e* İngilizcede sık sık çift kullanılır –örneğin 'meet', 'fleet', 'speed', 'seen', 'been', 'agree' vs. Elimizdeki şifreli yazıda da, kısa bir yazı olmasına karşın, tam beş kez çift kullanıldığını görüyoruz.

"Öyleyse 8'in *e* harfine karşılık geldiğini varsayalım. Şimdi, İngilizcede en sık kullanılan sözcük olan 'the' sözcüğüne bakalım; yani bakalım üç karakterin tekrarlandığı ve sonuncusunun sekiz olduğu bir diziliş var mı. Bu şekilde dizilmiş tekrarlamalara rastlarsak, bunlar büyük olasılıkla 'the' sözcüğünü simgelemektedir. Şifreli yazıya bakınca böyle tam yedi tane diziliş görüyoruz. Söz konusu karakterler de ;48. Yani noktalı virgül'ün *t*'ye, 4'ün *h*'ye ve 8'in *e*'ye karşılık geldiğini düşünebiliriz –bu sonuncusundan artık eminiz. Böylece büyük bir adım atmış olduk.

"Ama tek bir sözcüğü bulmanın ötesinde, son derece önemli bir başarı daha kaydettik. Artık diğer pek çok sözcüğün başlarını ve sonlarını bulabiliriz. Örneğin ;48 kombinasyonunun şifreli yazıda sondan bir önce yer aldığı yere bakalım. Yazının sonuna yakın bir yerde bulunuyor. Ondan hemen sonraki noktalı virgül'ün yeni bir sözcüğün başı olduğunu biliyoruz. Bu 'the'dan sonra gelen altı harften beşinin ne olduğunu da biliyoruz. Bu harfleri yerine koyalım ve bilmediğimiz harf için bir boşluk bırakalım –

t eeth.

"Buradaki '*th*'nin başka bir sözcüğe ait olduğunu hemen

anlıyoruz. Çünkü boşluğa hangi harfi koyarsak koyalım, İngiliz dilinde *th* ile biten böyle bir sözcük bulamıyoruz. Böylece elimizde

t ee

kalıyor. Boşluğa alfabenin bütün harflerini teker teker koyduğumuzda, bu sözcüğün ancak 'tree', yani Ağaç olabileceğini görüyoruz. Böylece bir harfi daha bulmuş olduk: *R* harfi (, ile temsil ediliyor. İki sözcüğü yan yana koyunca 'the tree' çıkıyor ortaya.

"Biraz daha ileri bakınca, ;48 kombinasyonuna tekrar rastlıyoruz. Bunu *ondan önce* gelenlerin bittiği yer olarak kabul ediyoruz. Böylece karşımıza şu diziliş çıkıyor:

the tree ;4(‡?34 the,

veya, bildiğimiz harfleri yerine koyarsak şu çıkıyor:
the tree thr‡?3h the.

"Şimdi, bilmediğimiz karakterlerin yerinde boşluk bırakırsak ya da nokta koyarsak karşımıza şu çıkar:

the three thr...h the,

o zaman da bunun '*through*' yani içinden sözcüğü olduğunu hemen anlarız. Bu keşif bize üç yeni harf kazandırır: *O*, *u* ve *g*. Bunlar sırasıyla ‡, ? ve 3 tarafından simgelenmektedir.

"Şifreli yazıda bildiğimiz karakter kombinasyonlarını aradığımızda başlangıca yakın bir yerde karşımıza şu diziliş çıkar:

83(88, yani egree.

Bunun 'degree'[11] sözcüğünün sonu olduğu açık. Böylece bir harfi daha bulmuş oluyoruz. *D* harfi ‡ ile simgeleniyor.

"'Degree' sözcüğünden dört harf sonra şu kombinasyonu görüyoruz:

;46(;88.

"Bildiğimiz harfleri yerleştirip bilmediklerimizin yerine nokta koyduğumuzda şunu görüyoruz:

th.rtee.

Bu diziliş aklımıza hemen 'thirteen'[12] sözcüğünü getiriyor ve böylece iki yeni harf daha bulmuş oluyoruz. *I* ve *n*, 6 ve ile simgeleniyor.

"Şimdi şifreli yazının başına dönelim. Şu kombinasyonu görüyoruz:

---

11) Derece.
12) On üç.

53‡‡†.

"Bunu da aynı şekilde çevirdiğimizde karşımıza

.good

çıkıyor. Bundan ilk harfin *A*, ilk iki sözcüğün de 'A good'[13] olduğunu anlıyoruz.

"Artık karışıklığı önlemek için şimdiye kadar bulduklarımızı bir liste haline getirmenin vakti geldi. Şöyle bir liste çıkarıyoruz:

5 a'nın
† d'nin
8 e'nin
3 g'nin
4 h'nin
6 i'nin
* n'nin
‡ o'nun
(r'nin
; t'nin
? u'nun simgesi.

"Yani artık elimizde en temel on bir harfin simgeleri var.

13) İyi bir.

Çözümün bundan sonraki ayrıntılarına girmek gereksiz. Bu tip şifreli yazıların çözümünün çok kolay olduğunu ve çözümün *mantığını* anlamışsındır. Ama emin ol ki elimizdeki şifreli yazı, türünün en basit örneklerinden biri. Artık geriye sadece parşömen üstündeki şifrenin çözülmüş halini okumak kalıyor:

"Bishop[14] Hanı'nda şeytanın sandalyesinde iyi bir gözlük kırk bir derece on üç dakika kuzeydoğu kuzey gövdenin doğuda yedinci dalı kurukafanın sol gözünden aşağı düz çizgi çek burayla ağaç hizasında on beş metre düz git."

"İyi ama," dedim, "ben bundan bir şey anlamadım. 'Şeytanın sandalyesi', 'kurukafa' ve 'Bishop Hanı'nın anlamlarını nasıl çıkardın?"

"İlk bakışta," dedi Legrand, "bu yazıyı çözmenin çok güç göründüğünü kabul ediyorum. İlk hedefim yazıyı şifrecinin niyetlendiği şekilde bölümlere ayırmak oldu."

"Yani noktalama işaretlerini mi koydun?"

"Onun gibi bir şey."

"Peki bunu nasıl yaptın?"

"Yazar çözümü güçleştirmek için sözcükleri boşluk bırakmadan art arda yazmıştı. Fazla dikkatli olmayan biri bu konuda aşırıya kaçardı mutlaka. Yazarken doğal bir ara vermesi gereken yerlerde sözcükleri iyice sıkıştırırdı. Elimizdeki

14) Piskopos.

yazıyı incelersen böyle sıkışık beş yer göreceksin. Bu ipucundan hareketle onları aşağıdaki şekilde ayırdım:

"*Bishop Hanı'nda şeytanın sandalyesinde iyi bir gözlük – kırk bir derece on üç dakika – kuzeydoğu kuzey – gövdenin doğuda yedinci dalında – kurukafanın sol gözünden aşağı düz çizgi çek – burayla ağaç hizasında on beş metre düz git.*"

"Ben hâlâ bir şey anlamıyorum," dedim.

"Ben de anlamamıştım." diye karşılık verdi Legrand. "En azından birkaç gün boyunca. Bu süre içinde Sullivan Adası civarında 'Bishop Oteli' diye bir yer olup olmadığını araştırdım. Ne de olsa 'han' artık kullanılmayan eski bir sözcük. Bu konuda bir şey öğrenemeyince, tam araştırma sahamı genişletmeye ve daha sistematik olmaya karar vermiştim ki, bir sabah birden aklıma bir fikir geldi. 'Bishop Hanı'nın Bessop adlı çok eski bir aileyle ilişkisi olabilirdi. Adanın dört mil kadar kuzeyinde bu aileye ait bir konak vardır çok eskiden beri. Hemen onların çiftliğine gittim ve buradaki yaşlı zencilere sorular sormaya başladım. Sonunda yaşlı bir kadın bana *Bessop Şatosu* diye bir yerden bahsedildiğini işittiğini söyledi. Beni oraya götürebilirdi. Ama burası bir şato ya da meyhane değil, büyük bir kayaydı.

"Ona zahmetine karşılık iyi para vereceğimi söyleyince, biraz mırın kırın ettikten sonra beni oraya götürmeye razı oldu. Kayayı kolayca bulduk. Kadın gidince etrafı incelemeye başladım. 'Şato' irili ufaklı kayalardan ve yarlardan oluşuyordu. Bu kayalardan biri hem yüksekliği, hem tek başına durması, hem de yapay görünüşüyle dikkat çekiciydi. Bunun üstüne tırmandım ve tepesinde ne yapacağımı bilmez halde durdum.

"Düşüncelere dalmışken gözüme kayanın doğu yüzündeki, durduğum yerin bir metre kadar altındaki düz bir çıkıntı ilişti. Kırk beş santim boyunda ve en fazla otuz santim enindeydi. Kayalıkta, bunun hemen üstünde bir oyuk vardı ki, eskiden atalarımızın kullandığı içbükey arkalıklı sandalyeleri andırıyordu. Artık elyazmasında bahsedilen 'şeytanın sandalyesi'ni bulduğumdan ve bulmacayı tamamen çözdüğümden şüphem kalmamıştı.

"'İyi bir gözlük'ten kastedilen bir dürbündü elbette. Çünkü denizciler genellikle dürbüne 'gözlük' der. Artık bir dürbün kullanmam gerektiğini anlıyordum. Üstelik elimde onu hangi yönde kullanacağıma dair *kesin bilgiler* de vardı. 'Kırk bir derece on üç dakika' ile 'kuzeydoğu kuzey' kesinlikle dürbünle bakılacak yönü tarif ediyordu. Bu keşifler beni çok heyecanlandırmıştı. Hemen eve koşup bir dürbün aldım ve kayaya geri döndüm.

"Çıkıntının üstüne indim ve burada ancak tek bir pozisyonda durmanın mümkün olduğunu gördüm. Bu da vardığım sonuca olan inancımı pekiştirdi. Dürbünü kullanmaya başladım. 'Kırk bir derece on üç dakika'dan kastedilen ufkun üstündeki yükseltiydi elbette, çünkü yatay yön 'kuzeydoğu kuzey' sözcükleriyle açıkça belirtiliyordu. Bir cep pusulası kullanarak bu yönü hemen saptadım. Sonra kırk bir derece yüksekliği göz kararıyla olabildiğince bulup dürbünle buraya bakmaya başladım. Sonunda uzaklarda diğerlerinden daha uzun olan bir ağacın yaprakları arasındaki yuvarlak bir yarık ya da açıklık dikkatimi çekti. Bu yarığın ortasında beyaz bir nokta vardı, ama ne olduğunu ilk başta anlayamadım. Dürbünün odak ayarını yaptıktan sonra tekrar baktım ve bu kez bir insan kurukafası gördüm.

"Bunu görünce artık sırrı çözmüş olduğumu düşünüp iyice sevindim. Çünkü '*gövdenin doğuda yedinci dalında*' sözüyle kastedilen ancak kurukafanın ağaçtaki yeri olabilirdi. '*Kurukafanın sol gözünden aşağı düz çizgi çek*' de sadece tek bir şekilde yorumlanabilirdi: Gömülü bir definenin yerini tarif ediyordu. Kurukafanın sol gözünden aşağı bırakılacak ağır bir cismin düştüğü yerle ağacın gövdesinin en yakın kısmı arasında düz bir çizgi çekilmesi ve bu doğrultuda on beş metre yürünmesi gerektiğini anladım. Bu varılacak noktada değerli bir şeylerin gömülü olması en azından *mümkündü.*"

"Bütün bunlar," dedim, "son derece açık. Dâhice olsa da basit ve sarih. 'Bishop Oteli'nden ayrıldıktan sonra ne oldu peki?"

"Ağacın yerini iyice belledikten sonra eve döndüm. Ama 'şeytanın sandalyesi'nden iner inmez o yuvarlak yarık kaybolmuştu. Daha sonra da onu bir türlü bulamadım. Bence bütün bu meselenin en dâhice kısmı (defalarca deney yaptıktan sonra *doğruluğuna* inandım) o yuvarlak açıklığın ancak o kaya yüzündeki düz, dar çıkıntıdan bakınca görülebilmesi.

"Bishop Oteli'ne giderken bana Jupiter eşlik etmişti. Son birkaç haftadır dalgın olduğumu fark etmişti şüphesiz. Bu yüzden beni yalnız bırakmamaya çalışıyordu. Ama ertesi sabah erkenden kalkıp onu atlattım ve tepelere, ağacı aramaya gittim. Epey aradıktan sonra da buldum. Gece eve döndüğümde uşağım bana sopa çekmeye kalktı. Maceranın gerisini sen de biliyorsun."

"Kazmaya ilk başladığımızda," dedim, "Jupiter'in aptallık edip böceği kurukafanın sol değil de sağ gözünden geçirmesi yüzünden doğru noktayı bulamadın, değil mi?"

"Kesinlikle evet. Bu hata böceğin düşmesi gereken yerden yedi buçuk santim öteye düşmesine yol açtı. Define 'düz çizginin' *tam altında* olsa bu farkın pek önemi olmazdı. Ama bu nokta ile ağacın gövdesinin en yakın kısmı, düz bir çizginin sadece iki noktasıydı. Hata ilk başta küçük olsa da, çizgiyi ilerlettikçe giderek arttı tabii. On beş metre ilerlediğimizde defineden epey uzaklaşmıştık. Definenin oralarda bir yerlerde gömülü olduğundan emin olmasam, bütün çabalarımız boşa gidecekti."

"Tumturaklı sözlerin ve böceği sallayışın öyle tuhaf geldi ki bana! Delirdiğinden emindim. Peki niye kurukafanın gözünden başka bir şeyi değil de böceği geçirmekte ısrar ettin?"

"Açıkçası akıl sağlığımdan şüphelendiğini anlamış ve buna biraz bozulmuştum. Bu yüzden biraz gizem havası yaratarak seni cezalandırmaya karar verdim. Böceği bu yüzden salladım ve kurukafanın gözünden geçirttim. Çok ağır olduğunu söylemen bana bu fikri verdi."

"Evet, anlıyorum. Anlayamadığım tek bir nokta kaldı. Çukurda bulduğumuz iskeletler kime ait?"

"Bunu ben de bilmiyorum. Ama tek bir mantıklı açıklama var gibi görünüyor. Korkunç bir açıklama. Kidd –eğer bu define Kidd'e aitse, ki öyle olduğundan şüphem yok– defineyi tek başına gömemezdi. Yardım almış olmalıydı. Ama iş tamamlandıktan sonra muhtemelen bu sırrı bilen diğer herkesi ortadan kaldırmanın daha güvenli olacağını düşünmüştür. Belki adamları çukurda çalışırken yassı kazmasıyla iki darbe indirmesi yeterli olmuştur. Belki de defalarca indirmek zorunda kalmıştır kazmayı, kim bilir?"